做个会说话
会表达的女人

*There is a time to
speak and a time to be silent.*

非立夏 /著/

中国致公出版社
China Zhigong Press

图书在版编目（CIP）数据

做个会说话会表达的女人 / 非立夏著. -- 北京：中国致公出版社, 2019
 ISBN 978-7-5145-1009-6

Ⅰ.①做… Ⅱ.①非… Ⅲ.①女性—口才学—通俗读物 Ⅳ.①H019-49

中国版本图书馆CIP数据核字（2016）第317964号

做个会说话会表达的女人

非立夏 著

责任编辑：张洪雪

责任印制：岳 珍

出版发行：中国致公出版社

地 址：北京市海淀区翠微路2号院科贸楼

邮 编：100036

电 话：010-85869872（发行部）

经 销：全国新华书店

印 刷：三河市京兰印务有限公司

开 本：889mm×1194mm 1/32

印 张：8

字 数：150千字

版 次：2019年1月第1版 2019年1月第1次印刷

定 价：38.00元

版权所有，未经书面许可，不得转载、复制、翻印，违者必究。

前言
会说话的女人最有魅力

一直以来我们总喜欢用外表来评判一个女人的魅力，但是女人更深层次的、能够直击内心的魅力并不是来自于外表，而是来自于她的言行举止。

其实，女人只要稍微对自己的外貌用点心，都是很好看的。这可能就是"世上没有丑女人，只有懒女人"这种说法流传的原因。不过，女人的相貌美丑并不是决定人际关系优劣的关键，真正受大家欢迎的女人，不但相貌端庄，而且善于营造舒适的交谈氛围，她说出的每一句话都能让人感到舒服，任何人与她相处起来都会感到十分开心。

会说话对于一个女人有多重要？

十分重要。

古诗有云：腹有诗书气自华。虽然一个女人日常的知识储备未必能够让人有"听君一席话，胜读十年书"的感觉，但是若能在不同的场合说不同的话，即便不是舌灿莲花，也能让人如沐春风。

一个女人，有才华、有美貌，但是不善于和别人沟通，那么她的这些闪光点很可能不被人察觉；一个女人，具有才华和美貌的同时，还十分善于与人沟通，那么她身上的闪光点不仅会被人发现，还会牢牢地吸引别人的注意。

会说话的女人，必然是一个聪明的女人，一个充满智慧的女人，一个气质迷人的女人，一个举止优雅的女人。

所以说，会说话的女人才是最有魅力的女人。

什么样的女人才算是会说话的女人呢？

要知道，会说话与多说话之间并不可以划等号，能够用简短的句子把自己的想法说清楚，也是一种本事。会说话不是为了炫耀自己，因此说话时不用咬文嚼字，更不用说一大堆别人无法理解的词句来证明自己学识丰富。

真正会说话的女人，能够用简单、易懂的词句表达自己的想法，把话说到别人心坎里，让人感到舒服，让人接受自己的话。其实，女人不需用暴力的手段来彰显自己，说话掷地有声，温柔而坚定，便会散发出女人的魅力。

会说话的女人懂得运用温柔有力的语言艺术，她们能够明白一件事情的轻重，知道什么样的表达方式能够让人轻松接受，她们从来不抱怨别人，也不会轻易发火。

现今，很多女人都喜欢追求"真我"，也就是不去过多关注别人的目光，只安心做自己想做的事情、说自己想说的话。在人际交往中，做自己固然没错，但一点都不顾及别人的感受未免有些不懂人情世故了。

一个自说自话的女人，最终只会害了自己。

人们常说"把天聊死了"，这并非是玩笑话，不少女人常常说话带刺，或者引出不该谈及的话题，这样自然没办法与人顺畅沟通。

一个不会说话的女人很可能得罪身边的人，从而白白失去工作上、生活上的很多机会，也失去很多乐趣。更重要的是，不会说话会让一个女人的魅力大打折扣。

因为，在外表、财富、年龄面前，会说话才会让一个女人散发出更吸引人的魅力。

目录

第一章

女人就要会说话、会沟通

好看的皮囊抵不上有趣的灵魂 / 003

会说话的女人容易成为聚会的焦点 / 007

口才好，到哪儿都有朋友 / 012

幽默感会让女人更加出色 / 016

会说话，人生处处是惊喜 / 020

第二章

女人嘴巴真的是"甜"的

自我介绍就是用一句话让人记住你 / 027

学会微笑，你也可以做蒙娜丽莎 / 032

找对话题比选对衣服更吸引人 / 037

想做"御姐"也不用天天板着脸 / 041

适当撒谎让女人更可爱 / 044

1

第三章

把话说出口才是高情商女人

别做一个只会傻笑的女人 / 051

自黑自嘲也是一种态度 / 056

赞美他人也是自我升华 / 060

巧妙转移话题才能打破窘境 / 066

冲动是魔鬼，别让伤害脱口而出 / 072

第四章

这样说话，长成西施也白搭

"直白"的你说的不是话，而是刀子 / 081

聊天不是辩论赛，何必非要当"冠军" / 086

"女士优先"可不是用在说话上 / 091

秘密不能被拿来当乐趣 / 096

你说别人丑的时候，自己也没美到哪去 / 102

第五章

上得了厅堂，也要下得了厨房

朋友之间玩笑也不要开得太过分 / 109

请记住：面试时，你的名字就是"不紧张" / 112

别做同事中的"长舌妇" / 116

夫妻之间，多撒娇，少撒气 / 120

长辈面前，放低姿态也没什么大不了 / 124

第六章

别让自己变成一个怨妇

"紧箍咒"只对孙悟空有效，对老公无效 / 131

别急着指责，先听听他怎么说 / 135

"都是为他好"也不如让他自己选择 / 139

永远不要拿别人和他做比较 / 143

鼓励和支持胜过无数碎碎念 / 147

第七章

入职拼"颜值",晋级拼"言值"

想办法让忠言也能顺耳 / 153

不要积极帮助老板做决定 / 157

功劳理应是大家的,别急着出风头 / 161

三言两语化解与上司的矛盾 / 165

做不到出口成章,就该隐藏锋芒 / 169

第八章

学会拒绝,别用软肋换眼泪

不要强迫自己,不喜欢的请大声说"NO" / 175

追求者死缠烂打?"杀伤性武器"让他知难而退 / 179

不合理的请求?抱歉,我没时间 / 183

我也没钱,要不你借我点? / 188

好意我心领了,但我真的不能接受 / 193

第九章

善解人意的女人，会"说"更会"听"

此时无声胜有声，能说的不如会听的 / 201

倾听，是为了更准确地读懂人心 / 205

多听少说，不是只听不说 / 209

仔细听，说不定能听出"海哭的声音" / 213

人生多些留白才更精彩 / 217

第十章

柔弱不软弱，该反击时就反击

面对刁难，学会四两拨千斤 / 223

别人对你的嫉妒请用低调反击 / 227

被排挤时，试试主动示好 / 231

沉默同样也是口才利器 / 235

有人刻意挑衅，反击时不要手软 / 239

第一章

女人就要会说话、会沟通

好看的皮囊抵不上有趣的灵魂

好看的皮囊千篇一律,有趣的灵魂万里挑一。

不知道从什么时候开始,这句话在网络上火了起来。然而,不同的人对这句话的认知也各不相同,正如一千个人眼中有一千个哈姆雷特。有人说,外貌才是最重要的,第一次见到一个人时,外貌决定了你是否愿意和他(她)继续交往,有趣的灵魂如果被隐藏在普通的外表下,那么就像是蒙上了尘土的钻石,是无法被人轻易发现的。也有人说,直达精神层面的交流才能产生情感的共鸣。

的确,世上从来不乏一见钟情的故事,但是那些所谓的"一眼万年",真的能够让我们有勇气和力气去面对未知的艰难险阻吗?

答案是否定的。两个人初相识,外貌确实会对第一印象造成影响。一个长得十分漂亮的人，无论男女，他们的异性缘都要比相貌平平的人要好一些。但是在以后的交往过程中，能否由陌生人发展成朋友，甚至发展成恋人，都要看对方是否具有一个有趣的灵魂。

在我看来，这句话的意思就是告诉世人应该多关注一个人的内在，而不是外貌，因为想要找到一个有趣的、能够与自己灵魂契合的人并不容易。

站在一个女人的角度来看，我们都希望能够找到一个懂自己、疼自己的人。在难过的时候，再好看的皮囊也抵不过一个结实的肩膀；在失落的时候，再好看的皮囊也抵不过一个温暖的怀抱；在无助的时候，再好看的皮囊也抵不过对方伸来的一双手。

如果西施、杨贵妃空有美貌，言行举止却像泼妇一样，那么她们一定不会得到帝王的喜爱，中国"四大美人"的历史肯定也会被改写。

所以说，美丽的外表固然重要，但有趣的灵魂不可缺少。套用一句"追星族"常说的话："始于颜值，陷于才华，忠于人品。"颜值高纵然能够快速吸引周围人的注意，但没有内在有趣的灵魂，没有才华与人品，必定无法"留住"那些关注自己的人。

有趣的灵魂之所以可贵，是因为与一个无趣的人交谈就像是对牛弹琴，而和有趣的人聊天会感到十分快乐，可以享受交谈的乐趣，不用担心没有话题，也不用担心无聊。

更重要的是，在生活的摧残下，很多人失去了自己的"有趣"，开始变得麻木，这越发凸显了有趣的重要。生活不会总是一帆风顺，有时甚至会接二连三地遇到让自己崩溃的事情。在不如意的现实生活中，很多人磨去了自己的棱角，丢失了初心，丧失了自己的乐趣，成为了随波逐流、混日子的人。

一个无趣的人，他的世界是暗淡无光的，生活也只剩下了苟且。我见过很多婚姻不幸福的女性，她们张口闭口都是生活的无奈和压力，尽管许多人都羡慕她们的生活，但她们仍然觉得自己过得并不幸福。

其实压垮她们的并不是什么大事，只是一些鸡毛蒜皮的小事，比如孩子不听话，老公应酬没有及时回家。她们完全忽略了生活中的美好，孩子虽然偶尔和她拌嘴，但成绩一直很好，绝对属于"别人家的孩子"这一级别；老公虽然偶尔出去应酬，但是平时下班后就回家给孩子辅导功课，帮忙做家务，比那些只会说"老婆，辛苦了"的男人不知好了多少倍。

无趣的女人就是这样，只能看到生活中不好的一面，内心被负能量填满，一面说着生活无趣，一面又得过且过。有趣的女人就不一样了，即便生活是一团乱麻，她们也能把乱麻理顺，努力向着自己渴望的生活进发，过上自己想要的生活。这种如同玫瑰一般热情、如同蒲苇一般坚韧的女人，谁又能不爱？

女人和女人之间最大的区别不是外表，而是内心。一个内心丑陋的女人，不管外表再怎么好看，当她丑陋的内心被人发现后，也会惹人厌恶；一个心地善良的女人，即便外表不出众，也能够获得别人的赏识。真正的美是由内而外散发出来的，所以好看的皮囊抵不上有趣的灵魂。

当然，有趣的灵魂固然重要，但也不能不修边幅，毕竟好看的外貌更容易吸引别人。这个世界不存在丑女人，只有懒得收拾自己的女人，精心打扮自己的女人都不会太难看。发型、妆容、服饰、气质……这些都是女人的加分项。在这样一个"看脸"的时代，我们提倡追求美丽，但是不提倡在自己的脸上"动刀动枪"。

真正能让一个女人显得与众不同的，不是好看的皮囊，而是有趣的灵魂。一个女人最大的吸引力，就是永远有一个有趣的灵魂。

会说话的女人容易成为聚会的焦点

巩固感情、扩充朋友圈的最佳形式就是聚会。

从几个要好的朋友相约举办的小型聚会,到一个班级、一个部门之间发起的,人数在十几个人到几十个人不等的中型聚会,再到一个集团、一个协会等机构组织的,人数在几十个人到上百人甚至上千人的大型聚会……无论哪种聚会,都离不开交际,而交际自然离不开沟通与交流。在聚会的时候,我们会发现占据焦点的女人一定是会说话的女人。

为什么会这样?

以比较常见的同学聚会为例。踏出学校大门后同学们都从事了不同的行业,有些同学工作忙碌疏于和别人联系,那么对这些人来说,同学聚会不仅能够帮自己重建同学友谊,也能扩大朋友圈。

每个女人都渴望被关注。在同学聚会中成为焦点人物，自然是每个女人想要的。但事实是，并不是每个女人都有机会占据焦点位置，想要成为焦点人物可以通过以下几种方式：

1. 颠覆形象

同学聚会一般是毕业后几年组织的，期间很多人可能都没有联系过，所以大家的印象还停留在上学的时候，那么可以试着改变自己的风格，让自己变成"另一个人"。比如，平时比较"女汉子"，这时可以打扮得淑女一些；平时比较淑女，这时可以打扮得张扬一些。通过改变自身来引起周围人的关注，从而成为聚会的焦点。

2. 行为夸张

无论何时何地，行为夸张、特立独行的人总是能够引起人们的关注，不过一定要把握好分寸。在把握分寸的前提下夸张一些，可以活跃气氛，带来关注度，而过分夸张则会适得其反，给人一种"疯疯癫癫"的感觉。

3. 游戏高手

同学聚会除了回忆往昔峥嵘岁月、交代目前经历外，也需要通过一些游戏来活跃气氛。一个人如果能够驾驭聚会上的各种游戏，那他也会成为大家关注的焦点。

拥有上述特质的女人通常会成为聚会的焦点，可是会说话的女人却能够轻易地把人们的目光吸引过来。试想一下，如果一个有钱的女人不停地炫耀自己，同时还用言语贬低他人，那么她注定会被人厌恶。

事实上，无论哪种性质的聚会，都免不了寒暄。你在这个时候展现口才、发表自己的"外交辞令"、赞美他人的长处的话，不仅能够让身边的人感到受尊重，也能让自己赢得关注，从而让聚会的气氛活跃起来。

在很多大型的社交场合中，整体氛围都是庄重的、严肃的，但是如果一直保持着庄重的气氛，就会让参与者感到紧张与压抑。在充满压抑与紧张的氛围中，采用一些幽默、诙谐的语言，不仅能够缓解气氛，还能把自己想表达的东西更好地呈献出来。所以，在大家的对话有些无趣的时候，要想吸引大家的注意，不妨说一些笑话或者是幽默的语句。

生来便会说话的人是不存在的，幽默感也并非与生俱来，这都需要我们不断练习和借鉴。比如，在见到一个从未谋面的前辈时，可以套用影视作品里的话："我对您的敬佩之情犹如滔滔江水连绵不绝。"在表达自己敬仰之情的同时，也不会显得特别谄媚和虚伪，反而会让人感觉轻松。

成功的社交聚会需要达到众人畅所欲言的效果，每个人都有机会在聚会中表现自己。因此，在社交聚会上，最大的忌讳就是"唱独角戏"，也就是自顾自说，不理会大家的感受，让大家做听众。

要想让大家都参与到社交中来，就要寻找大家都感兴趣的内容，让大家都能各抒己见。这个时候把自己平时见到的好玩的故事讲出来，给大家评论的机会，不仅就能够活跃气氛，还会让自己成为聚会中的焦点。

当然了，在聚会上必须适当地进行对话，不可以过分调侃，更不能说出一些可能引起别人误会的话，以下这些"雷区"是不能踩的。

1. 刻意贬低对方

无论是关系特别好的朋友，还是关系一般的朋友，都不能去贬低对方。比如在大家面前说对方某些地方不如自己，无论对方是男是女，也无论这句话是否在开玩笑，都有可能伤害对方的自尊心和自信心，引起对方不愉快。

2. 比较对方的另一半

有些女人总喜欢用比较来证明自己的优秀，要么拿自己和男性朋友的老婆进行对比，要么拿自己的老公和女性朋友的老公进行对比，无论是怎么样进行对比，都会让对方感到不适，甚至伤害对方的夫妻感情。所以，无论是在什么情况下，这样的比较都不可取，证明自己幸福与优秀的话也绝不能说出口。

3. 翻旧账

有些女人在吵架的时候总喜欢翻旧账，这样的做法只会让人感到厌烦。为什么？因为对于对方来讲，这就像是把自己的陈年往事一次次拎出来进行嘲弄，任谁都受不了。因此，在聚会时不要说"上次你也做过这种事"之类的话，这句话的弦外之音就是告诉对方，你做的事情我记着，而且你今天又犯了同样的错。这种行为无异于在众人面前揭人伤疤，把对方激怒自然不可避免。

能够调节聚会氛围的女人，能够让大家感到轻松愉悦的女人，自然会变成全场的焦点。因此，要想成为聚会的焦点人物，就要"会说话"，让自己保持足够的幽默感。

做个会说话会表达的女人

口才好，到哪儿都有朋友

语言作为连接人与人关系的纽带，其质量的高低，直接影响了人际关系是否和谐，进而对事业发展乃至人生幸福产生影响。拥有良好口才，掌握说话的技巧，不仅能让家庭更加幸福，还能为事业道路上的披荆斩棘提供助力，让自己散发出更强的个人魅力。

女人要想"四海之内皆朋友"，并不一定要有倾国倾城的美貌，也不一定要有奢侈品傍身，但一定要做到说话得体。说话得体是指无论在什么场合，都能口吐莲花、妙语连珠，让身边的人为之倾倒。

可是做到这一点并不容易，有的女人与人交谈不了几句话就陷入了沉默。无话可说又不能立即停止对话，只能找话题接着聊。这种充满"仪式感"而又尴尬的聊天被人戏称为"尬聊"。

说到"尬聊",很多人都会想到相亲。两个素不相识的陌生男女,在家人、亲戚、朋友的撮合下见面聊天,从而决定是否交往下去,日后成为情侣,乃至夫妻。由于两个人实在不熟,但是家人又催促着两人交谈,所以就出现了很多"尬聊"。

比如,男生早上发消息:起床没?

女生回答:起了。

男生接着发消息:吃饭没?

女生回答:没呢,准备吃。

男生继续发消息:嗯,那你吃吧!

女生回答:嗯!

男生回一条消息:嗯!

这样聊天的结果自然是两人不可能成为情侣。充满尴尬的对话,女人自然不想经历第二次。把角色调换过来,如果一个女人以这样尴尬的方式开场,那男人也未必能够接受。

找不到共同话题容易让人聊进死胡同,从而导致"尬聊"的出现。有些女人不会说话,说了得罪人的话而不自知。比如,一个女性朋友新买了一身条纹的衣服,你却脱口而出:"这件衣服怎么这么像病号服?"本来大家并没有往这个方向联想,听你一说大家都觉得确实如此。这个女性朋友听了你的话以及大家的议论,即便嘴上不说什么,心里也会感觉十分难过,甚至对你产生敌意。

不会聊天的女人，一开口往往就终结了话题；不会说话的女人，一开口往往就得罪了人。经常得罪人的女人，自然是没有朋友的，而会说话的女人自然到哪里都不会缺少朋友。

那么，为什么有的女人不会说话？

很多女人把不会说话归结于"嘴笨"，试图通过这种"清晰的自我定位"来拒绝接受改变。其实，"嘴笨"只是表象，本质上是不敢说话、情商低。

不敢说话的女人多半没有自信，害怕自己的意见与他人不同，害怕自己的想法不为他人所接受，更害怕自己说错话让对方不开心，于是只好保持沉默。对方一直得不到回应，自然会放弃聊天，于是聊天很容易便走进了死胡同。

情商低其实是社交经验少导致的。情商不是与生俱来的，也不是由基因决定的，而是后期慢慢培养的。那些朋友多的女人，无不是情商高、会说话的女人。她们知道如何"包装"自己，知道通过哪些方式展示自己的魅力，更知道怎样与人沟通交流能使感情快速升温。

职场也好，生活中也罢，一个聪明的女人总是善于通过说话的艺术来彰显自己的魅力与能力。而一个不会说话的女人，不但容易得罪人，还不容易交到朋友，甚至可能因为口无遮拦白白失去晋升的机会。

既然"会说话"对现代女性具有如此重要的意义，那我们应该怎么做一个会说话的女人呢？

不敢说话就需要通过练习来解决。在自己的脑海里设定场景，先预习一遍，当这个场景真实发生的时候不要怯场，大胆说出自己的想法，多做几次就不会害怕了。

至于如何提高情商，那就需要积累阅历了。例如，多看书、多看名人的采访视频或者演讲，把其中的幽默句子背下来，填充自己的"语言库"，观察人际关系好的人的言行举止等，如此不断积累一定可以提高自己的情商，使自己的口才也得到提高。

戴尔·卡耐基说过："一个人的成功，15%靠技术知识，85%靠口才艺术。"

或许这个说法不完全对，但却足以说明"会说话"对一个人的重要性。与人相处，对方的情绪往往会受到你的言语的影响。如果你是一个"会说话"的女人，那么对方一定会感到很快乐，并且愿意和你做朋友；如果你是一个"不会说话"的女人，那么对方很可能总是被你激怒，更别提与你做朋友了。

不懂得说话的艺术，说的越多对别人造成的伤害便越大；懂得说话的艺术，短短的一句话便可以胜过千言万语。

幽默感会让女人更加出色

　　无论外貌是否出众，幽默感都是一个女人需要掌握的一门技能。

　　美丽的脸庞会被岁月镌刻皱纹，乌黑的秀发会被岁月染上白霜，但人的幽默感会随着时间的流逝变得更加引人注目。那些与生俱来的东西可以轻易被岁月夺走，但后天养成的幽默感会一直陪伴你，直到寿终正寝的那一天。有幽默感的女人能够给身边的人带来欢乐，也能够表现出她的机智与风趣。

　　幽默是一个外来词，由英文Humor音译而来，形容一个人说话有趣或可笑，同时让人感到意味深长。幽默感能帮助我们缓解敌意，减少摩擦，降低矛盾发生的几率。有人认为幽默对于激励士气、提升效率也有很大的作用。

　　美国科罗拉多州的一家公司经过调查证实，凡是进行了幽默训练的中层主管，在之后的九个月里工作效率提升了15%，请病假的次数则减少了50%。这一项测试表明，一个毫无幽默感的人与一个充满幽默感的人，会在若干个方面展现出差距，而这些差距恰巧体现了幽默感对于个人的影响力有多大：

1. 智商

相关心理测验证实，幽默感测试成绩较高的人，智商测验成绩也普遍较高；而幽默感测试成绩较低的人，其智商测试也是成绩平平。

2. 人际关系

幽默感十足的人，可以在短时间内用个人魅力获得对方的好感和信赖，因此这些人一般都拥有良好的人际关系。而缺乏幽默感的人，很难迅速获得别人的好感，因此在人际交往方面会受一定程度的影响。

3. 工作业绩

有幽默感的人，在工作中很容易保持较好的心态。数据显示，那些在工作中取得优异成绩的人，并非都是最勤奋的人，但大部分人都具有十足的幽默感。也就是说，善于理解他人、幽默感十足的人，更容易获得成功。

4. 对待困难的表现

幽默感十足的人，即使面对困难也会泰然处之，并用自己的幽默感抵消工作上的紧张和焦虑；而缺乏幽默感的人，往往找不到宣泄口，只能默默承担着痛苦，更增加了自己的心理负担。

有幽默感的女人，就像是戈壁滩上绽放的花朵，能带给人们美好与希望。没有幽默感的女人，就像是鱼缸中的金鱼，每天无望地重复着单调乏味的生活。

富有幽默感的女人会比其他女人显得更加出众。不过，幽默感并非与生俱来的，它与成长环境、性格和个人经历有密切的关系，因此我们可以通过后天的努力来培养幽默感。借鉴别人的经典语录，使用一些修辞手法，说话时添加一些肢体动作，都是增加幽默感的良好办法。

修辞方法如果运用得当，能够达到引人发笑的效果，因此有人把它称为制造幽默的"催化剂"。例如，通过比喻这样的修辞手法来形容一件事情，能够让对方更加具体、形象地了解你所表达的意思。一些俏皮话、歇后语，不但说起来朗朗上口，还能很好地表达自己的观点，更能让人忍俊不禁。比如用"脚踩西瓜皮——滑到哪里是哪里"来形容一个人遇到事情态度消极，总是走一步看一步；用"老鼠钻风箱——两头受气"形容一个人陷入两方的争斗之中，讨好两方的同时还要承受来自两方的压力。再比如，形容一个人欺软怕硬，可以说他是"遇到绵羊是好汉，遇到好汉是绵羊"。这样的形容不但生动形象，让人一听就懂，还能给人留下风趣幽默的印象。

一语双关也是一种常见的修辞方式，即利用一个同音词或者近义词，让同一个词语涉及两层含义或者两个事物，让这个词变成具有双重意义的词。一语双关可以造成一种"言在此而意在彼"或者是"亦此亦彼"的效果，在活跃气氛的同时，让对方更加愿意倾听你的诉求，也更加容易接受你的诉求。

在遇到争辩时，有幽默感的女人会马上想到用同音词的谐音，或者其他有关联的词语，通过一语双关的方式向对方进行暗示，让对方认错道歉，然后以比较体面的方式结束无休止的争论。

人们可以通过夸张的方式表达自己的幽默感，通过对事物的形象、特征、作用、程度等内容进行特意的放大或缩小，让对方感受到你想要的表达效果。我们只有学会通过修辞为自己的语言增添色彩，才能让人更加容易地接受自己的观点，让自己的话更有说服力，从而让自己的表现更出色。

当然了，我们在借鉴别人做法的同时，也应该添加一些适合自己的元素，或者是适合朋友的元素，不能一味地模仿别人。

会说话，人生处处是惊喜

美丽的女人，要有一双美丽的眼睛，用于发现别人的优点；要有一张漂亮的嘴，用来说好听的话。

这句话出自奥黛丽·赫本，一个世人皆知的大美女。

美丽的女人总是容易被人们记住。亚里士多德曾经说过："漂亮比一封介绍信更具有推荐力，也更容易被人们所接受。"毫无疑问，女人的形象十分重要，但同样重要的还有女人的口才，会说话的女人才是最有魅力的！

在传统观念中，女人是不需要什么才学的，古代甚至有过"女子无才便是德"这样的说法。古代的女人"大门不出，二门不迈"，每天过着相夫教子的生活，不需要什么才学，似乎也不需要多么高超的口才。如今的社会早已摆脱了"男主外，女主内"的传统模式，新时代的女性要像男子一样进入职场打拼，大部分女性在照顾好家庭的同时还要负责赚钱养家,而这些都对女性的口才提出了要求。

毫无疑问,口才好会说话的女人无论是在家庭中还是在职场中都让人称羡。这是为什么呢?因为会说话的女人,能在合适的时机采用适当的话语称赞他人,让人感觉如沐春风;会说话的女人,能用婉转的语言说出自己的不满,让批评变得没有那么让人难以接受;会说话的女人,能审时度势,知道什么时候该用温柔婉转的话语,也知道什么时候应该仗义执言;会说话的女人,能看透玄机,知道什么时候应该改变话题,避免现场气氛过于僵化……

中央电视台著名的节目主持人董卿曾经因为跪着对一个老兵进行采访而受到大众的称赞,但她之所以能够受到这么多观众的喜爱,不光是因为她的气质和涵养,还在于她的"会说话"。

一次,董卿在成都参加《朗读者》的签售会,进行到互动环节时,主持人对董卿说,有一些粉丝为了参加这次活动,凌晨三点就开始在书店门口排队。董卿听到这句话时露出了惊讶的表情,不过她很快整理了情绪,说道:"三点啊,其实那个时候我也没睡,我们在同一个时刻醒着。我很感谢你们为了我,或者为了今天的签售,凌晨三点还在赶路。但我想说的是,在今后的每一天,都让我们照顾好自己,照顾好自己是为了更好地爱自己,也是为了更好地爱身边的人,更好地爱这个世界。"

这句话很短,却让粉丝心中很暖,让大家都感到舒服。这样的女人,又怎能不惹人欣赏呢?

董卿是观众眼中的"完美女人",她用自己的行动诠释了更高级别的魅力——会说话。

作为一个女人,即便你没有出色的外貌,没有修长的身材,也不必耿耿于怀,因为这些都是先天因素决定的,改变它们并不容易。不过,你完全可以通过锻炼自己的口才,让自己获得足够的魅力。

会说话的女人,能够享受什么样的人生"特权"?

1. 在婚姻方面,能够有更多的底气面对生活

关于婚姻,有一句话说得非常好:女人不怕吃苦,但害怕一辈子吃苦,怕看不到希望;女人不怕嫁给穷人,但害怕一辈子贫穷依然不思进取,并且对自己不好。

那些会说话、情商高的女人,总能用自己的方式"镇住"自己的老公,让夫妻之间和和美美。

著名导演李安的太太就是个很好的例子。李安是有名的好男人,在接受鲁豫采访时,鲁豫向他提出了一个问题:"现阶段您最大的幸福感是什么?"

李安的回答让无数人为之触动,他是这么说的:"我太太能够对我笑一下,我就放松一点,我就会感觉很幸福。我做了父亲，做了人家的先生，并不代表说，我就很自然地可以得到他们尊敬，你每天还是要赚来他们的尊敬。你要达到某一个标准，因为这个是让我不懈怠的一个原因。"

很多人听了这段话为李安导演的痴情而感动，却忽视了"导演背后的女人"——李安的太太林惠嘉。

有一次，李安获得奥斯卡奖后和林惠嘉一起到超市买菜，一位来这家超市买菜的家庭主妇认出了他们。就在李安将大包小包塞进车子后备箱的间隙，这位家庭主妇凑到林惠嘉跟前，悄悄说道："你真幸运，你丈夫现在还有时间陪你买菜。"林惠嘉看了对方一眼，笑着说道："不，其实今天是我有时间陪他出来买菜。"

这句话听起来是玩笑话，但展现出了林惠嘉的幽默，还透露了林惠嘉和李安之间平等的婚姻关系。像林惠嘉这样会说话的女人，能获得丈夫的尊敬也是必然的。

会说话的女人能够牢牢地抓住丈夫的心，并且灵活地处理好生活中的各种纠纷，与这样的女人一起生活会感觉婚姻生活处处有惊喜。

2. 在工作方面，能够开拓自己的事业

会说话的女人，知道什么该说、什么不该说，更知道应该怎么说。有些人说话词不达意，不是让同事会错意，就是让客户产

生误会，老板自然也不会高兴。而那些说话干练、言简意赅的员工，试问哪个老板能不喜欢呢？

在工作中，沟通的第一要素是明确目的，第二要素是语言干练、表述清晰，第三要素是注意用词和语气。

一家公司的某个部门，组长A和组长B竞争部门主管的职位，两个组长都是十足的女强人。不过，无论是学历还是个人工作能力，组长A都比组长B略微逊色一些，可是最后竟然是组长A当选了部门主管。为什么会这样？原来组长A说话平易近人，而组长B说话总是趾高气昂。在交代任务时，组长A总是对属下说：你帮我把这个做一下，如果有不懂的地方就来问我。而组长B向属下交代任务时总会说：你把这个给我做了，不会的地方自己想办法解决，不行就加班。

可想而知，虽然组长B的个人工作能力出众，但是她所带领的小组却远远赶不上组长A所带领的小组。从综合及长远方面考虑，组长A成为部门主管也是情理之中的事情。

有人说：上帝给了女人靓丽的外表，但没有给予她们同样出彩的口才。所以，女人最大的必修课不是化妆，不是打扮，而是学习如何说出得体的话。

第二章

女人嘴巴真的是"甜"的

第二章

文德履吕的真的是"暗"的

第二章 女人嘴巴真的是"甜"的

自我介绍就是用一句话让人记住你

自我介绍无须太长,就是用一句话的时间让人记住你。

自我介绍是每个人都要去做的一件事,上学时要向同学进行自我介绍,工作时也要向同事进行自我介绍。不同的是,有的人社交圈子小,很多时候不用进行自我介绍,而有的人社交圈子大,随时都有陌生人需要结识。

如果说外形是一个人的第一张名片,那么自我介绍就是人的第二张名片。如何将这个名片优雅地"递出去",也是一门艺术。

众所周知,自我介绍是日常生活中和陌生人产生认识、建立交际的一种十分重要的手段。自我介绍的好与坏,直接影响到自己为他人留下的第一印象是好还是坏,并且对以后的交际也有十分重要的意义。同时,自我介绍也是认识自我的一种方式。因此，通过自我介绍获得对方的认识，乃至认可，对于身在职场的女人而言十分重要。

需要进行自我介绍的时机不尽相同，可能是在面试时，可能是在入职时，可能是在见客户的过程中，因此自我介绍的表达方法也会有细微的差距。但自我介绍的内容，也就是自我介绍时所表达的主体部分——关于自身情况的具体内容需要兼顾各种场合，同时应该具备针对性，不能让自我介绍"千人一面"，否则无法获得更多的关注。

现代社会的职场都是高速运营模式，每一个工作者都不愿意花费大量的时间去深入研究和了解一个人，所以我们如果不能给同事和上司留下十分深刻的第一印象，就会很容易被他们忽视，甚至被遗忘。

所以，在面试时，就算把自己的资料都印在了简历上，也需要进行一个简短的自我介绍，告诉面试人员你是谁、为什么会在这里、你的希冀是什么，通过自我介绍为自己加分。正式入职和接触客户时则应该直截了当地告诉对方自己是谁，可以省掉后面的为什么会在这里、希冀是什么。

为了让别人能够快速记住我们，也为了给人留下一个深刻的印象，第一次见面时的自我介绍需要仔细"雕琢"。

1. 自我介绍的开头

一个好的开头,能够迅速拉近你和对方的距离,增强对方对你的印象,甚至能够让你们在此基础上展开互动,迅速打成一片。

什么样的开头才算是好的呢?

这是一个仁者见仁、智者见智的问题,我们可以从自己中意的内容开始。比如能够引起对方好奇心的开头,就像小说设置的悬念一样可以勾起人们阅读的欲望。同理,用能够勾起他人好奇心的方式进行自我介绍,无疑已经成功了一半。无论对方是不是对你产生了深刻的印象,至少都会想要进一步了解你。

例如一个做化妆品生意的女人,她的皮肤状态非常好,经常亲自为自己的产品做广告。一次聚会时,她遇到了很多同龄的陌生女性,为了让更多的人记住自己,她在人群中对大家说:"你们看我的皮肤怎么样?"得到大家的称赞后,她继续说,"你们猜这是为什么?"虽然有几个女性不感兴趣走开了,但大部分女人开始围着她追问。在这样一问一答间,她很快又多了几个客户。

总之,能够给人留下深刻印象的自我介绍的开头,都是需要用心准备的,越是与众不同,就越容易引起他人的兴趣。学会这一招,能够提升自己的职场情商,在遇到需要自我介绍的情况时可以迅速"破冰"。

2. 说出自己的名字

在进行自我介绍时一定会说出自己的名字。如何让人一下子就记住自己的名字，同时又觉得自己的方式有别于常人？可以把自己的名字拆分开来，比如姓李的女性介绍自己时，常用的一句话就是"我姓李，木子李"，让人能够在瞬间明白她的姓氏是哪个字，避免了"同音不同字"的尴尬。当然，介绍名字时也可以说出自己名字的寓意。长辈为自己取名字的时候一定是挑选了有含义的字或者词，把这个寓意说出来可以加深别人对自己的印象。

还可以把自己的名字编成一个小故事，就像《红楼梦》里贾宝玉给林黛玉讲的"耗子精"的故事，虽然故事中的"此香玉"非"彼香玉"，但是能够把林黛玉融入到故事中，确实让人印象深刻。

3. 个人情况

与男人相比，女人找工作的环境其实是十分糟糕的。因此在面试时以及接触客户的过程中，可以谈一谈自己的工作情况，除了告诉对方你的大致工作经历以及任职情况外，还要着重说明自己在任职期间取得的成就，尤其是接触过的大型项目，这些不仅可以帮助你树立良好形象，也可以间接展示自己的能力。

但是，在阐述过往经历以及自己取得的成就时，切忌过分夸大，将功劳都揽到自己身上，甚至谎称一些根本没有接触过的项目也是自己操盘的。要知道，这些夸大的成分确实有助于你给对方留下深刻印象，但它是不长久的。无论你因此通过面试也好，还是与客户达成合作也好，在日后的时间里对方都能通过你的能力判断你是否说谎，一旦事情败露，那么难堪的还是自己。

除此之外，在面试时还可以说说自己选择这家公司的原因，以及自己的希冀，让面试官看到你对未来有一个清晰、完整的规划，加深你在对方脑海里的印象。

4．兴趣爱好

前面说到女人找工作的环境并不乐观，所以我们应该尽可能地展示自己的技能。因此假如时间允许，可以向对方说出自己的兴趣爱好或者是特长。值得注意的是，不能强行为自己扣上几个特长的帽子，那样反而会让你心虚，一旦被人发现自己说谎，那么难堪的依旧是自己。

总之，自我介绍的目的就是为了让人能够在一句话的时间里记住自己，如果条件允许就做一个详细的介绍，加深别人对自己的印象；如果条件不允许，就挑选重点部分来说。

总之，女人想要让别人记住自己，就一定要"能说、会说"。

学会微笑,你也可以做蒙娜丽莎

"回眸一笑百媚生,六宫粉黛无颜色。"看到这句话,我们的脑海中便会浮现出一个脸上带着笑意的绝色美女。

一般来讲,沟通时的表情能够映照出一个人的内心是喜是悲。而微笑能够给人如沐春风的感觉,能够带动人与人之间的交往,让社交变得更有活力和效果。

对于女人而言,微笑是非常厉害的"武器"。心理专家认为,发自内心微笑的女人看起来是美好的,更是迷人的。这是因为只有内心感到真正的快乐并且充满自信时,女人才会露出发自内心的微笑。一个快乐、自信的女人当然是美好而迷人的。

微笑的女人就像是一朵绽放的花朵,能散发出夺目的光彩,自然地会吸引人们的视线。

说到微笑的女人,很多人都会想到卢浮宫的镇馆之宝——

达·芬奇名作《蒙娜丽莎的微笑》。实际上,见过达·芬奇这幅画的人都会觉得怪异,无论站在哪个角度欣赏这幅画,画中所描绘的女子都会对观赏者投以微笑。

这种微笑为画中的女子蒙上了神秘的面纱,也让她更具吸引力。古往今来,已经有数不尽的人为之痴迷,无数专家学者都在研究这幅画。拜倒在"蒙娜丽莎"微笑下的不仅有男人,还有女人,证明了画作中"蒙娜丽莎的微笑"具有多么大的吸引力。

常常面露微笑的女人,身上具有一种特别的气质,让她们看起来有亲和力,让身边的人不由自主地想要靠近。就像有人说的,微笑是女人最高级的"保养品",能够让男人为之倾倒,并且无法自拔。

那么,微笑能给女人带来什么呢?

1. 微笑可以带来快乐

有人说:"爱笑的人运气不会太差。"这句话很有道理,爱笑的人一般都性格开朗,以积极的心态面对生活,诚恳地帮助别人。因此,当这样的人遇到困难,自然有很多人伸出援手帮其渡过难关,于是运气自然不会太差。此外,爱笑的人很容易为大家营造一个轻松、愉悦的氛围,让大家都放松下来。微笑还能传递快乐与正能量,一个沮丧的人,在看到别人微笑的那一瞬间,也会萌生一种积极向上的信念。

微笑能够让人拥有更多的人格魅力，懂得微笑的女人能散发出强大的个人魅力。一个在任何场景都表现得十分严肃的女人会让人感到压抑，让人产生不可接触的感觉；而一个时常保持微笑的女人，能够让人产生亲近感，让人不由自主地想去接近。经常微笑的女人能够让接触她的人变得快乐起来，从而拉近与周围人的距离。要知道，很多时候微笑多一些，快乐也就会随之多一些。所以，请不要吝啬自己的微笑。

2. 微笑能带来良好的沟通

有时候沟通并不需要通过话语，一些肢体语言或面部表情就可以实现沟通，微笑便是常见的一种沟通方式。在情侣或者夫妻之间，微笑可以说是最有趣、最直击人心的沟通方式。

众所周知，生活在不同环境下的男人和女人，无论是生理上还是思想上都有很大的差异，他们的性格、行为等差异可能更为明显。虽然这样的差异并不一定能阻止两个人结合，但终归会影响两个人之间的沟通和交流，这个时候就需要女人用微笑来化解矛盾。

女人的微笑能够让自己的另一半感到安静祥和，有利于稳定他的情绪。无论男人是充满紧张，还是茫然失措，或是经历挫折，抑或是神情沮丧，在女人微笑的注视下，他们都能够慢慢放松下来。所以说，微笑对于情侣、夫妻而言，是最直击人心的沟通方式，它甚至比千言万语更能打动男人的心。

微笑的力量究竟有多大？这是一个无法用数字估量和文字描述的概念，但是不可否认，在很多时候微笑的力量是神奇的。微笑展现了一个女人对待生活的态度，让人能够感受到女人内心世界的坚强。作为一个女人，即便你没有出色的外表，即便你没有华丽的服饰，但只要你时刻保持微笑，让人感受到你积极向上的生活态度，让人感觉到你对生活的热爱，散发出独特的个人魅力。

经常面露微笑的女人有着迷人的风采，对于调节身边人的情绪、制造轻松的氛围发挥着重要的作用。另外，喜欢微笑的女人心态比较平和，对于生活不会有太多苛刻的要求，懂得化解内心的负面情绪，更懂得享受生活。

经常微笑的女人是充满自信的，就像一只优雅美丽的天鹅。

不过，在微笑时还需要注意一些细节。

1. 微笑应该是发自内心的行为

微笑是一种自发式的行为，只有在心情愉悦时展现的微笑才有最大的吸引力。如果情绪低落，不要勉强自己露出微笑。有句老话叫"笑得比哭还难看"，在情绪低落时展现的微笑，会让人感到虚假，容易引起他人的不满。没有人希望与自己结交的人是一个"戴面具"的人，所以不要勉强自己，不要刻意伪装自己的表情。

2. 注意场合

任何事情都要注意场合，微笑也不例外。举个例子，一个人正在说一件让自己特别伤心的事情，比如亲人离世等，这个时候如果面露微笑显然不合适，因为这会让对方感到不舒服，这时的正确做法是，保持沉默或者表达自己的惋惜之情。

有一句话说得很对："微笑是没有成本的，但是它所造就的价值是无法估量的。"女人露出微笑并不只是为了"回眸一笑百媚生"，它大多时候是为了激励自己和同伴以积极的心态面对生活的挑战。

因此，无论你在生活中充当着什么样的身份，妻子也好，恋人也好，朋友也好，陌生人也好，请时刻保持真挚的微笑，让自己做一个可爱的女人。

第二章 女人嘴巴真的是"甜"的

找对话题比选对衣服更吸引人

良言一句三冬暖,话不投机六月寒。

无论是工作还是生活中,与人交流都是展开人际关系、拓展朋友圈的第一步,而且交流效果决定了人际关系发展的走向。所以说,对话也是一种艺术,能够把握住对话的节奏和技巧,就能够轻松地和人进行交流,那么交流中遇到的问题也就轻松地化解了。当然,与人愉快地进行交流的前提是尊重对方,不过掌握一些谈话技巧,能让对话变得更加充实、有趣。

学习如何交谈,其实就是学习"没话找话"的过程,而这个"话"指的自然是"话题"。一个人写文章时,如果看到了一个好题目,就文思泉涌,能很快写就一篇文章。交谈也是如此,找到一个好话题与大家进行讨论,自然不会出现冷场。

话题的好与坏不仅直接决定了交谈氛围,也决定了与人交往的深度和广度。通过对话题循序渐进的深入，双方都能感受到对方的性格、爱好乃至人品。一个爱好文学、喜欢谈古论今的人，一定不愿意和满嘴脏话的女人做过多的交流；同样，一个谈吐大方得体的人，一定不愿意和一个言语粗鄙的女人进行深入的交流。

俗话说"人靠衣服马靠鞍"，对于女人而言，在交谈时找对话题，比购买一件十分华丽的衣服更加吸引人。选择衣服的标准是"好看""适合"，而找话题的标准是"对方熟悉""对方感兴趣""对方有话说"……总之，找话题的标准就是投其所好，让对方有话可说。

那么，如何开始一段对话呢？

在与自己认识的朋友进行交谈时，我们可以轻车熟路、开门见山地说出自己想要表达的思想或者讨论的话题。但如果是在参与社交活动时与陌生人展开对话，采用开门见山的方式就会有些唐突了。初次与人交谈，不得不认真思考所聊的话题。

面对陌生人的情况可以分为两种，一种是面对许多陌生人，一种是面对某一个陌生人。

当与许多陌生人进行交谈时，需要考虑这些人可能对什么话题感兴趣，并把话题引向这里。同时，尽量把谈话的内容放在大家熟悉的方面，这样大家都可以发表自己的观点，话题也才有继续讨论下去的余地。当每个人都有机会发表自己的想法时，交谈自然也就不会停下来，交流过程也会让大家感到轻松愉快。

当面对某一个陌生人时，可以直接询问对方的名字、年龄等信息，并将自己的信息与之交换，当两个人有了一定的了解后，在适当的范围内想到什么就说什么，可以对谈话的内容进行适当的联想，通过循序渐进的方式了解陌生人的兴趣，慢慢引出另外的话题。

当两个人已经交谈了一段时间后，可以根据对方感兴趣的点顺利进入话题。如询问对方"平时喜欢做什么？"由此发现对方平时喜欢养花，就可以将这个当成两个人的话题，讨论养花的心得，交流养花的技巧。如果对方与你的爱好是相同的，或者对方感兴趣的地方恰好你也有所涉猎，那么你们之间的交谈就会比较轻松、愉悦；如果对方的爱好与你并不相同，你完全不了解对方爱好的领域，那么你也可以做一个倾听者，在倾听的过程中学习新事物，适当地进行提问，确保交流不会中断。

除此之外，还可以把时间、地点、人物作为聊天的话题。如果实在不知道和陌生人说什么，也可以通过一些已知信息去引起交谈，比如在朋友的婚礼上与陌生人交谈，可以问问对方与新人的关系，进而展开话题。等到两个人对彼此略微了解后，再选择新的话题进行交谈。

引出话题的方式有很多，无论是通过哪种方式展开交谈，都要记住我们的目的是什么——引发话题的重点是"引"，目的就是让对方"说话"。所以，无论面对陌生人还是熟人，都要把握住交谈的时机，适当地融入交谈之中，在了解对方的同时，也给对方了解自己的机会。交谈是双方互通有无的过程，只有对方一味地"输出"是无法让对话进行下去的。

当一段对话成了一个人的独角戏，那这段对话很快就会结束。因此，在与人交谈时要给对方发言的机会，让对方能够将自己的想法表达出来，这样有来有往才能保障交谈顺利进行下去。不必因为担心你停止说话就会冷场，一直不停地说更容易让人感到厌烦。更重要的是，如果交谈时只有一个人喋喋不休，那么很可能是话题没有选对，对方根本不想针对这个话题进行交流。因此，与人交谈时一定要选对话题，并且不要把话都说完，要给对方留下说话的余地和机会。

女人与自己心仪的男人交谈时，总会不自觉地进行伪装，试图让自己在对方心目中变成一个完美的女人。这种心情可以理解，不过这样的方式并不可取，因为这种做法非但无法增进你们之间的距离，反而有可能适得其反，给对方留下一种做作的感觉。

女人无论在何时都应该保持自我，无论面对谁都应该展现真实的自己，因为女人的魅力来自于心，而不是外表。所以，与其为了自己的外表费尽心力，不如想办法找对话题。

第二章 女人嘴巴真的是"甜"的

想做"御姐"也不用天天板着脸

生活，不是快乐就是不快乐，但这不是你板着脸的理由。

最近几年很流行"御姐"这个词汇，很多女人为了让自己看起来像个"御姐"，都假装高冷，变成了不苟言笑的模样。可能很多女人并没有意识到，"御姐"的核心因素不是面部表情，而是一个人的内涵。

"御姐"是一个舶来词，源自于日本的词语"御姊"，原本是对姐姐的敬称。而在ACGN（即Animation、Comic、Game、Novel四个单词的缩写，分别指动画、漫画、游戏、小说）中，"御姐"这个词成了外表、身材、气质等方面比较成熟的年轻女性的代名词，她们的年龄一般在16岁到34岁之间，遇到问题十分冷静，性格也十分坚强，具有比较成熟的思想，气质出众且高贵。与此相反，那些看起来比较稚嫩、个性单纯的女性则不在

"御姐"范围内。

"御姐"行事果断、冷静，具有强大的内心和坚强的个性，让人感觉十分理智、成熟，因此掀起了一股追捧并效仿"御姐"的狂潮。随着女人对于生活质量的要求越来越高，许多女人已经不甘心做一个"三日入厨下，洗手作羹汤"的家庭主妇，她们认为女人也应该追求自己的事业，有一份可以养活自己的工作。正因如此，越来越多的女人渴望能够成为主宰自己命运的"御姐"。

有些女人确实变得成熟有了"御姐"风范，但也有些女人将"御姐"这个形象定义为不苟言笑，认为自己板着脸扮演严肃就是"御姐"了。那么，板着脸就能够成为"御姐"吗？答案是否定的。

"御姐"的首要标准是成熟。成熟指的不是身材或者样貌方面，更加不是表情方面，而是指人的行为方式。如果一个女人骨子里就是小女人的类型，那么无论怎么装得面无表情，都无法让人联想到"御姐"。"御姐"的性格是淡定的、冷静的，遇到问题不会自乱阵脚，而是设法自己解决问题，一个骨子里就是小女人的女子是没办法做到这点的。

"御姐"的另一个标准是自信。如果一个女人做事情唯唯诺诺，平时都不敢抬头看人，那么无论多么面无表情，也不会让人联想到"御姐"。而且"御姐"都是博学多才的，这就不难解释"御姐"对待生活的底气来自哪里。一个拥有足够智慧与知识的女人，走到哪里都有自己的立足之地，当然也就有面对生活的底气。

鲁迅曾经说过："真正的猛士，敢于直面惨淡的人生，敢于正视淋漓的鲜血。"在这里套用一下这句话：真正的"御姐"，不靠妆容粉饰自己，不靠表情产生距离，而是靠强大的内心造就自己。

做个会说话会表达的女人

适当撒谎让女人更可爱

说谎是不对的,但有时候生活也需要"善意的谎言"。

"善意的谎言"蕴含了人们的美好愿望,表现了人们内心的善良,体现了人与人之间的相互慰藉,展现了人们心底最柔软的一寸地方。没有人会追究善意的谎言是真是假,即使"被骗的人"知道大家对自己说了谎,还是愿意去相信欺骗自己的人,甚至有时还会对其心存感激。

可能有人说,"善意的谎言"不管怎么说都是谎言,说谎就是不对的。

众所周知,矛盾具有两种,一种是普遍性,一种是特殊性。"善意的谎言"之所以是"善意"的,就是因为它的出发点是善良的,是建立在为他人好的基础之上;而恶意的谎言之所以是"恶意"的,就是因为它的出发点是邪恶的,是一个人或者一个团队为了一己私欲,而蒙骗别人、伤害别人。

"善意的谎言"能够体现一个人的细腻感官,是一个人思想成熟的体现。"善意的谎言"能够鼓舞对方一点点地进步,让其努力摆脱生命的枷锁,甚至能让一个身患绝症的病人重获新生。"善意的谎言"能够让人心情愉快,能够让人感觉自己的生活美好,从而有勇气面对未知的挑战。

很多人读美国短篇小说《最后一片叶子》时,总会忍不住湿了眼眶。生病的穷学生看着窗外的落叶,由此及彼,想到自己的生命也在一点点流逝,生的希望随着树叶的凋零一点点被磨灭。在她快要绝望的时候,一个内心充满爱的老画家精心画了一片绿叶,并将这片绿叶牢牢地粘在了干枯的大树上,从而点燃了这个学生求生的意志。

这样的故事并不罕见。有一个学生,英语成绩并不出众,但在一次随机抽查中,老师夸赞了他,说他是一个有潜力的孩子。后来,这个学生废寝忘食地学习英语,他的英语成绩突飞猛进,果真考上了不错的大学。长大后他找到了自己的老师,对老师说:"其实我知道自己的成绩并没有那么好,但是感谢您对我的鼓励,让我燃起了学习的信心。如果没有您的鼓励,我不会取得今天的成绩。"

"善意的谎言"就像火种,能够点燃人们对美好生活向往的火焰。

当我们出于对别人考虑说一些"善意的谎言"时，别人即使知道了也会理解我们。"善意的谎言"也是谎言，这是不可否认的，但是"善意的谎言"会让人们感受到温馨和爱意，不会让人萌生被欺骗的懊恼与愤怒。

在婚姻家庭中我们一般需要两种"善意的谎言"，一种是应该说出口的，另一种是不应该说出口的。

1. 不管什么时候都要告诉老公，他是最棒的

男人也会有无助的时候，在这个时候女人没必要摆出大道理，因为他需要的不是认清现实，而是需要身边最亲近的人的支持。这样的支持能够让他重燃希望，甚至能让他战胜绝望。

所以，在男人失落、无助的时候，说一些能够让他开心的话，哪怕这些话已经达到了"说谎"的范畴，又有什么关系呢？这些无关紧要、无伤大雅的小谎言，不仅不会让夫妻关系变糟糕，还会让夫妻关系变得更好。

2. 适当隐瞒生活琐事

婚姻不是两个人的事情，而是两个家庭的事情，会牵扯到双方的父母、亲戚。牵扯的人多了，事情自然也会多。因此，每一个家庭都会有生活上的琐事，这些琐事有些需要和老公一起解决，有些则需要女人独自去面对。

比如，和婆婆产生矛盾，比较大的矛盾可以告诉老公，让他帮助自己解决。而一些小事可以隐瞒下来，如果婆婆主动将事情告诉老公，老公了解经过后会认为你更加懂事，也会更加疼惜你。

除了偶尔"撒点小谎"之外，女人对男人那些无伤大雅的行为可以视若不见。

许多恋人，乃至夫妻之间都会出现这样的问题：女人十分热衷于询问男人对自己的爱有多深，而男人则喜欢对女人说一些自认为无伤大雅的谎言。时间久了，女人无法接受男人和其他女人联系，男人则不能忍受女人的刨根问底。最后，两个人渐行渐远，难免走向分手。

请记住，任何感情都需要用心维护，用"善意的谎言"去维护自己的感情，不是一件不可理喻的事情，更不是一件"丢人"的事情。

在感情的世界里，只要心是纯粹的，感情是纯粹的，那么"善意的谎言"就当成生活的点缀吧！

第三章

把话说出口才是高情商女人

别做一个只会傻笑的女人

化解尴尬的方式有千万种,但是千万不要只会用大笑。

在人与人的交往中,经常会发生一些不如意的事情,有时候还会发生令人十分尴尬的事情,有些甚至让我们难堪到无地自容。其实这是很正常的事情,但很多人在不小心制造了尴尬事件后,往往喜欢用笑来掩饰内心的尴尬,可是傻站着赔笑脸并不能化解尴尬。

这个时候如果你用一句话或者一个举动,将尴尬遮掩过去,那很可能带来出人意料的效果,甚至把尴尬的瞬间变成受人膜拜的时刻。

很多人被节目《我是歌手》上汪涵的表现"圈粉"。在《我是歌手》这档直播节目中,歌手孙楠突然宣布退出比赛,在场所有人员都十分错愕,汪涵在短暂的惊讶后迅速发挥了高超的控场能力：先是提醒节目组准备插播广告，然后说了一段话稳住现场。整个过程一气呵成，直播结束后，汪涵收到了无数观众的称赞，与孙楠受到的指责形成鲜明对比。

汪涵总是能够通过三言两语化解尴尬。例如，在某个综艺节目上讨论问题时，汪涵说道："你看，最好的发型师，男生；最好的厨师，男生；最好的妇产科医生，男生……"

汪涵想表达的意思是，许多比较细致的工作，男人都有足够的细心和耐心去完成，男人并不都是"粗心大意"和"没有耐性"的。这句话结合当时的语境看是没有问题的，但看台上的一位女性观众却表示不满，直接喊出："你这是什么意思啊！"

刚开始大家没有反应过来这位女性观众为什么生气，后来才发现汪涵的话单独拎出来看，确实有歧视女性的意思，大家忍不住为他捏了一把汗。汪涵面不改色，接了一句："我的意思就是，男生生来就是为女人服务的。"然后汪涵继续他的言论，犹如不曾发生过什么一样，而那个不满的女性观众也没有再反驳。

一句话轻易化解尴尬，这是多么高的情商？

在娱乐圈里，黄渤一直被视为高情商"男神"。黄渤的相貌并不出众，但是他有着很高的情商，很多人都喜欢与他交往。在《星空演讲》上，黄渤讲述了自己以及身边朋友的经历，这些经历对女性来说绝对是一门实用的"高情商速成课"。其中一个故事让我收益颇丰，这个故事讲述的是一个女孩去上厕所时是如何化解尴尬的。

一个女孩去上厕所,她关上隔间的门以后感觉整个世界都安静了,小小的空间里只剩下她一个人,萌生了一种"世界由我主宰"的感觉。于是,她拿出了手机,打开微信给同事发了条语音消息:"小红,这两天很辛苦,连续加了四天班了,我们终于搞定了。"

过了一会儿,同事没有回复消息,她又发了一条语音消息:"你说咱们辛辛苦苦这么多天,我估计马姐现在又穿着她那双红高跟鞋,拿着咱们的劳动成果,过去邀功去了吧!"发完这条语音消息没多久,另一个同事发来了一串文字:刚才马姐就在你隔壁厕所前,你说话不要这么大声。

看着这短短几行字,她觉得空气都凝固了,她连忙竖起耳朵听了听,隔壁似乎真的有什么动静,她被吓得出了一身冷汗,感觉自己就像是掉进了冰窖里。一想到隔壁就是自己的领导,而自己刚刚在说领导的坏话,她就感觉头皮发麻、两腿发软。

她急中生智又给同事发了条语音消息:"不过,姜还是老的辣,这还真是没错。要不是马姐给咱们支招儿,我估计咱们再多加五六天班也想不出来。"发完这条消息,她还是觉得不安,想了想又发了条语音消息:"对了,马姐的红色高跟鞋在哪儿买的?我托人转了好多地方都没买到,真好看。"发出这条消息后,她又竖起耳朵听隔壁的动静,隔壁一点声响都没有,估计那

053

边的人是想听她说话。不知道过了多久,隔壁传来了冲水声,她也终于松了一口气。这时候她看了看手机,其实也就是半分钟的时间,但她觉得像是半个世纪。

黄渤的演讲告诉我们,无论是在职场,还是生活中,"会说话"的女人都能轻易地化解尴尬。当然,比"会说话"更重要的一个作用便是不要让自己陷入尴尬。

故事中的女孩估计这辈子都不敢在公司说上司的坏话了,不过她随机应变的能力确实值得我们学习。现实中像她一样背后说人坏话被发现的或许不在少数,但是很多人并不知道如何化解这种尴尬,而只知道在那里傻笑。

可是,遭遇尴尬只会傻笑的女人,注定是不讨喜的。

在现实生活中,造成尴尬的原因有很多,除了背后说人坏话外,莽撞行事也是常见的原因。比如一群人聊得热火朝天,你明明和对方不是特别熟悉,还要凑过去加入谈话,结果自己刚说了几句话,大家便不再说话了,大家虽然没有离开却没有人接你的话茬。这些都是让人感觉尴尬,同时又无法避免的情况。这个时候多想无益,还是赶紧起身离开为妙,大家可能并不是对你有意见,有可能是你说的话与对方想要说的并不相同,也有可能对方不愿意与你一同讨论这件事。如果你继续待在这里,那才是真的让人讨厌。

每个人都有自己的小圈子,既然你无法融入别人的圈子,不妨大大方方退出，让别人能够愉快聊天的同时，也能够避免让自己难堪。如果你的介入让正在开心交谈的人都停了下来，不妨找个理由趁机离开。即便你的出现可能引起了尴尬，但及时离开别人也不会说什么，下次记住别再犯同样的错误就好。

尴尬的时候还有很多，比如当着许多人的面被上司指责、被长辈训斥，这样的尴尬时刻，一味通过"尴尬而不失礼貌的微笑"来解决是不够的。因为你的笑未必会制止对方继续说下去，反而有可能让对方变本加厉。

与其等对方越说越多，倒不如主动出击，用自己的好口才化解尴尬。有话就说，别做一个只会傻笑的女人。

自黑自嘲也是一种态度

　　自黑自嘲，就是不给别人嘲笑自己的机会。

　　可能很多人不知道，自黑自嘲其实很重要。在生活中，相信有不少人体会到了幽默感是一种多么独特的人格魅力。一个物品或者一件事情往往可以调节生活，让生活变得有趣，而具有幽默感的人会让生活更有趣。

　　现在很多人展现幽默的方式不仅仅是调侃一个物品或者调侃一件事情，而是把自己也当作一个调侃的对象，也就是我们所说的自嘲。自嘲可以被视为一个人有幽默的标志，因为自嘲不仅能够活跃谈话的氛围，还能够改善自嘲者的心情。

　　人的一生中难免遇到各种问题和挑战，想要直面人生的各种磨难，就要拥有一颗强大的内心，而自嘲就是内心强大的体现。《优雅人生，从自嘲开始》的作者苏珊·斯帕克斯曾经在《今日心理学》的博客上留下这样一句话："如果你能学会自嘲，你就能够原谅自己；你能够原谅自己，也就可以宽恕他人。"

作为一种展现个人幽默的方式，自嘲也能够体现一个人的智慧。一直以来，幽默都被视为智商、情商都比较高的人特有的气质，其中自嘲更被视为最能够展现幽默感的说话方式。

有人认为，自嘲是一种"承认自己无能"的表现，但事实上，这种想法是大错特错的，因为能够自嘲、乐于自嘲的人，不仅拥有强大的内心，还是十分自信的人。敢于自嘲的人，并不是因为内心自卑，而是因为他们充分认识到了自身的不足，也充分了解自己的长处，所以他们敢把自己的不足放在大家面前，这也从侧面证明他们对自己充满了信心。

或许也有人认为，通过自嘲来解决问题是一种"逃避"。但是，这也并不能算是正确的观点，自嘲的目的不是为了"逃避"问题，而是为了更好地解决问题。有一位资深的销售人员就经常利用自嘲帮自己解决困境，并回击那些对自己充满敌意的人。一次，他正在台上做演讲，台下突然有个听众站了起来，指责他是一个"两面派"。当时他不可能直接反驳，更不可能借此与对方大吵大闹。

只见这位销售人员停下了演讲，环视了一圈会场，对着大家说道："希望各位帮我评评理，我如果还有另一副面孔，会带着这样一副难看的面孔到这里来吗？"这句话得到了会场上所有听众的赞许,他就这样巧妙地通过自黑解决了一场危机。

事实上,这位销售人员的外表看起来确实不符合大众审美观,眼睛不够大,脸型又有些长。面对他人的指责,他把"两面派"解释成"两副脸孔",利用外貌调侃自己,在回击对方的同时,也化解了尴尬,活跃了气氛,可谓一举多得。

影视明星杨幂在电视剧《三生三世十里桃花》播出期间,也被人指出了某个造型暴露了发际线后移的缺点。面对众人的嘲笑,杨幂在新浪微博上回应称:"我是一个禁不起批评的人,如果你们批评我……我就去植发。"

这句话既回应了"发际线靠后"的问题,也化解了尴尬,让大家觉得她是个十分可爱、有趣的女人。

懂得自嘲的女人,都是聪明的女人。通过自嘲的方式去回应别人的质疑,看似是贬低自己,其实是在保全自己的形象,这是一种比"骂回去"更智慧的还击。

在生活中,有自嘲精神的女人,反而能够以更加轻松的姿态生活。总有一些人喜欢揪住别人的小缺点不放,我们没办法将自己所有的缺点都隐藏起来,也没办法监视别人不去讨论自己的缺点。每个人都有缺点,这是无可改变的事实,在这样的事实面前,任何争辩都显得苍白无力,倒不如多一些自嘲精神,让自己活得开心一些。

黄渤算不上帅,但是能在一个"看脸"的时代获得这么多人的喜爱，足以说明他有着巨大的人格魅力。在许多场合中，经常有人拿黄渤的外貌调侃，但黄渤从来没有恼怒过。面对他人的刁难，黄渤总是妙语连珠，不惜以自黑的方式将对方说得哑口无言，让我们不得不由衷地称赞他。

黄渤在接受采访时曾表示："自信不重要，学会自嘲是一个很重要的本领，自嘲是自信进阶的表现，能帮你解决很多问题。"

黄渤的做法值得我们借鉴。别人如何评价我们和我们的生活，是我们无法控制的，可是我们可以用自嘲的方式把那些不好的声音降到最低，把这些评价给我们造成的伤害降到最低。如果和别人争执，最终只会把自己的伤口越扯越大，倒不如用自嘲的方式化解尴尬，阻止对方继续嘲笑自己。

嘲弄别人是一种缺德的行为，但自嘲却是一种美德。拿自己的短处来调侃，博得众人的欢乐及喝彩，是调节自我情绪的方式，也是一种十分重要的交流方式。面对尴尬的局面，你越是自嘲，越是谈笑风生，尴尬对你造成的影响越小；可你越是在意，越是逃避，尴尬对你造成的影响便越大。除此之外，对于一些已经发生且无力改变的事情，不妨也用一句自嘲带过。心胸开阔一些，心态平和一些，会让自己的生活更加轻松快乐。

自嘲，是展现人类幽默的一种方式，也是减少生活摩擦的"润滑剂"。拥有自嘲精神，让生活更加快乐。

赞美他人也是自我升华

由衷的赞美让人感到愉快,阿谀奉承则让人反感。

我们都知道,在与人交往的过程中,需要通过赞美来拉近对方与自己的关系,我们在社会上生活,也需要通过他人的肯定与认可来确认自己的存在价值。

他人的赞美对于一个人的影响是不容忽视的,甚至能够改变人的一生。下面我们用一个小故事来说明赞美对于一个人的重要性。

一个学生非常粗心,经常为此遭到老师们的批评。一天,新来了一个语文老师,这个老师虽然刚踏上工作岗位,但是她对工作十分认真。她从别的老师口中知道这名学生不够认真、努力,就一直挖掘他身上的闪光点,希望能帮助他建立自信,让他对学习感兴趣。

很快，女老师发现这个学生的成绩不好，是因为父亲出了事故，母亲为了挣钱养家，一个人打好几份工。这个学生想帮母亲分担一部分压力，放学后就承担了照顾父亲的责任，晚上休息不好，白天也没有精力学习。其他老师不了解情况，以为是他贪玩，难免批评他，让他对学习越来越没兴趣。久而久之，他的成绩成了班里最差的。

了解情况后，女老师并没有把他叫到办公室谈心，而是在一次自习课上悄悄走到他身边。在他身边逗留了几分钟后，女老师对他说："你的字写得很漂亮，以后班里需要写什么东西就交给你了。"

女老师的话让一向自卑的学生抬起了头，眼睛里也闪现了自信的光芒。从那以后，这个学生开始努力学习。每当他取得进步，女老师都会鼓励他、赞美他，最后这个学生以优异的成绩考上了当地最好的高中。

所有人都以为学生的改变是一个奇迹，可是只有学生自己明白，要是没有女老师对自己的赞美，他不会有信心面对生活和学习的压力，也不会重新燃起对学习的热情。

事实上，这并不是一个偶然的现象。早在1925年，伊丽莎白·赫洛克就曾做过一个关于上述故事的实验。他通过一次数学测试，对一群小学四年级到六年级的儿童进行分组。

第一组是表扬组，每次完成任务后都会受到表扬和鼓励；第二组是受训组,每次完成任务后都会受到严厉的训斥;第三组是被忽视组,每次完成任务后都不会收到任何评价,但是会作为旁观者去"参观"前两组得到的评价;第四组是控制组,这一组与前三组是隔离的,不会接收任何评价。

结果证明,在孩子完成一项任务后对其进行评价,可以对他的发展起到促进作用,其中适当的表扬和鼓励要比批评的效果好,而没有收到任何评价的效果还不如被批评。也就是说,在教育孩子的时候要给予适当的鼓励和批评,不能不予理会或者一味批评。

这样的原则并非只体现在教育孩子上,在工作中同样适用。适当的赞美可以让一个职场新人更快地融入到集体环境中,有利于他迅速开展工作,也有利于他后期发展。

赞美能够帮助一个人,甚至改变一个人的人生轨迹。那么,一个总是赞美他人的女人,一个能够通过赞美让他人感到温暖的人,即便无法改变别人的命运,也一定能够获得对方的感激与欣赏。

可惜,大多数女人对于情感的表达一直都是比较含蓄的,很少有人能做到常把赞美挂在嘴边。除此之外,有一些女人认为承认了别人的优点,就等同于承认了自己的不足,所以不愿意表达自己的赞美之情。其实两者之间是没有关联性的,更不是矛盾的,你看到了别人的闪光点并不意味着自己就没有闪光点,更何况每个人都不一样，长处也各不相同，如果这世界千人一面还有什么意思？

还有些女人不愿意赞美别人，是担心自己的赞美不被接受，或者害怕自己词不达意，让对方觉得自己不够真诚。其实这也太过忧虑了，只要是发自内心的赞美，对方都是可以感受出你的真诚的，不会认为你"虚伪"。

因此，我们应该积极发现别人身上的闪光点，并且由衷地赞美它。每个人都渴望，也都需要被赞美，真诚地赞美别人，可以在人与人之间架起沟通的桥梁，也可以拉近彼此的情谊。

但是，并不是所有的赞美都能起到良好的效果，适当的赞美会让人心情愉悦，不当的赞美自然也会让人感到不适。我们要学习真诚赞美别人，而不是学习虚伪的阿谀奉承。

有句话说得好：赞美发自内心，奉承来自唇齿。所以我们对于他人的赞美一定要恰到好处，这样才能达到渴望的效果。

1. 站在对方的角度考虑

每个人都有不同的感受，就像有的人喜欢吃酸的，有的人偏爱辣的，所以每个人看到的、理解的、想表达的信息都会不一样。因此，想要表示对一个人的赞赏就要站在对方的角度，设身处地对对方进行赞美。也就是说，在人际交往中需要体会他人的想法，还要理解他人的感受，并需要站在对方的角度思考问题。

如果能够做到这一点，赞美就会事半功倍；如果做不到这一点，就会显得过犹不及。

2. 从细节见人品

好的赞美可以从细节展开，让对方看到你的用心和仔细，也让对方明白你是真的关注着他的一举一动。赞美可以变得具象化，比如列举看到的一些具体的事情，再加上一些生动形象的词汇，就能让对方感受到你由衷的赞美之情。"假大空"的赞美，会让人感到你是个不真诚的人，甚至怀疑你的动机。将赞美具体到某件事情、某个物品上，才会显得真诚，也能展现出你对对方的关注。

3. 及时反应，不要慢半拍

当你发现一个人的闪光点时，就要及时对他进行赞美，如果过一段时间再赞美，那样不仅收不到成效，还会有没话找话的嫌疑。比如说，你在一个聚会上发现一个人唱歌很好听，但当时你并没有说什么，在一个月后你又遇见了他才夸赞他唱歌好听，且不说他是不是还记得你，这样没来由的话注定不会特别讨喜。

4. 赞美不要千篇一律

对他人的赞美不应该每次都是"你好美哦""你好厉害

哦",也该换换花样,用心去表达对他人的赞美。比如,说一千遍"你真漂亮""你真帅",不如说对方像某个公认的长得好看的明星。

归根结底,赞美是发自内心的,要直击对方的心坎才能发挥作用。但是,我们不能"投机取巧"地用一个"标准答案"去称赞你认识的所有人,这样只会让人觉得虚假。

不要吝啬你的赞美,要知道,赞美别人也是在升华自己的人格。

巧妙转移话题才能打破窘境

交流就像是走迷宫，一旦发现前方是死胡同就该转身。

社交场合下意外情况有可能突然出现，这是因为每个人的心思不同，即便是朝夕相处的人也有可能出现误解，更何况那些和自己并不熟识的人。这个时候就要求讲话者保持灵活转换的说话风格，能够随时应对突发事件，把大家从交谈的死胡同中拉出来，甚至直接在死胡同中开辟一条道路。

应变能力表现了一个女人的临场适应能力，同时也展现了一个女人是不是具有控场能力，是否能在不同的场合有不同的应对措施。如果在交际活动中遇到冷场情况，需要审时度势，抓住大部分在场人员的心理，利用自己的说话技巧，及时将现场的尴尬化解，让社交活动可以正常进行下去。

通常，可以用幽默的话语转移话题，让气氛轻松起来；可以在原有的话题基础之上引申出新的话题，改变大家讨论的焦点；可以巧妙地进行"错误理解"，将话题转嫁到另一件事情上，或者是给予大家都能够接受的解释；可以指出各种不同观点的合理性，并将其融合为一点，让大家都接受……

那么，转移话题的具体方式包括哪些呢？

1. 改变观察角度，让尴尬迎刃而解

每个女人对于同一种事物都会有不同的看法，如果与别人交谈时因为意见或者想法相左而陷入僵持阶段，不如从多方面分析、理解这一事物，然后从对自己有利的层面进行阐述，从而转移话题、化解尴尬。

一个女富豪虽然有钱，但是并不喜欢铺张浪费。有一次，她去参加一个聚会，大家聊起了房子的事情。当女富豪说出自己住的房子还是十几年前买的时，一个有过几面之缘的人问她："你明明很有钱了，为什么不换一个大一点的房子，这样你们一家三口也住得舒服些。我认识的好多人还没有你有钱，他们都买了几百平方米的别墅。"

面对尴尬的场景，女富豪笑着回答："是这样的，我这个人特别容易迷路，买了大房子我怕自己找不到房间。"女富豪并没有纠结对方的问题，而是把话题引申到"自己容易迷路"这一点上，改变了谈话的方向，也让自己摆脱了困境。

2. 巧用幽默，让气氛活跃起来

在交际场合中，难免会遇到严肃的时刻，有时候也会因为比较敏感的问题而使双方的谈话陷入对立，让交谈无法正常进行下去。这个时候不妨暂时抛开这个问题，用一些让人感觉比较轻松的玩笑话来转移双方的注意力，避免双方争执中出现过激行为。

有些女人固执己见，所以经常会和身边的人争论不休，但出现这种僵持局面往往与双方的看法不同无关，而是一种好胜心理支撑着双方"不肯服输"。这个时候可以说一些轻松的话，让双方的情绪平缓下来，等到两个人的情绪平复下来，问题也就解决了。比如两个人在午饭前因为某个事情争得面红耳赤，而你恰好与他们关系都不错，这个时候可以适当地提醒他们一句："你们这个问题的难度不亚于高数作业，要不我们先找个地方填饱肚子，然后再接着探讨？"午饭结束后，这件事情多半也就被他们遗忘了。

3. 帮对方"找借口"，别让对方"下不来台"

人总是会犯错，即使是十分善谈，且公认情商高的人也难免犯错，所以如果有人说错了话，不要抓住这个错误不放，让对方"下不来台"。

在2018年4月22日举办的"第八届北京国际电影节闭幕仪式"上，黄渤担任了主持人，但在主持过程中犯了一个错误——

他把演员"佟丽娅"的名字念成了"tong ya li",说完后黄渤并没有意识到自己的错误,在同伴们的提醒下才意识到自己念错了名字。

此时的黄渤没有自乱阵脚,而是用非常幽默的方式化解了尴尬。事后,黄渤在其个人微博上再次道歉:"能力有限,压力山大,上台前还开玩笑说别像上一次一样再说错了,默默地把所有名字又念叨了一遍……结果……果真……把佟丽娅的名字念成了'tong ya li'。这事得多少顿饭才能摆平。"

黄渤道歉的方式展现了他的幽默,而佟丽娅的回应也展现了她的高情商。对于黄渤的道歉,佟丽娅是这样回应的:"渤哥,你别紧张,你只是叫出了我的曾用名,就是怕'亚丽'压力大才改的。"

无论佟丽娅是不是有过这样一个曾用名,她的回应都为黄渤的行为"找到了借口",为黄渤解了围,化解了黄渤的窘迫。

4. 让对方的意思变成"另一种意思"

俗话说"三个女人一台戏",女人与女人的交往难免会出现误会,有些是交际的双方造成的直接误会,而有些误会是"道听途说"产生的。由于女人天生就是容易多想的群体,对于事情的看法很容易出现偏颇,而小道消息存在添油加醋的成分,产生误会也是很平常的现象。

这样的误会自然是不利于社交的,为了避免引起更大的尴尬,我们有必要进行一些曲解,将会引起尴尬的话解释为另一种意思。为了缓解尴尬局面,我们可以假装无法理解对方语言所表达的真实含义,从善意的角度将对方的话解读为能够化解尴尬的解释。也就是说,对引起他人尴尬的事件进行善意的曲解,让谈话朝着更加和谐的方向发展。

5. 避实就虚,不要问什么答什么

在谈话时,如果出现了冷场或者不好直接回答的问题,可以避实就虚提出一个更具吸引力的话题,把对方的注意力转移到另一件事情上,从而避开原本的话题。

例如,一个女孩刚刚跳槽到一家公司,做了一名文秘。实习期间上司突然问她是否了解某一领域的专业知识。她虽然对该领域有所涉猎,但并不是专业的人员,可此时又不好直接说自己不会。于是她对上司说:"我之前接触过,但是接触的不多。"

上司听后点点头就走开了。第二天一早,上司交代给她一个任务,虽然她对这个领域不熟悉,但好在任务并不难,她圆满地完成了任务,获得了上司的赏识,很快就转正了。

避实就虚不是要我们说谎,而是要适当隐藏自己的不足,尤其是在工作上。没有哪个老板喜欢什么都不会的员工,也没有哪个老板喜欢到处吹嘘的员工,所以避实就虚一定要在合理的范围内。

总之，转移话题的方式有很多，但一定要记住"巧妙"这两个字，不要显得太过刻意。比如上一秒大家还在讨论川菜，就在两个人或者两拨人因为川菜烹饪方式而争执的时候，没有参与讨论的人为了化解尴尬，就忽然在大家面前说起了正在热播的古装剧，这就显得太过刻意了。

这个时候，想要"劝架"的人哪怕指出某些影视作品或者网络上流传的川菜做法里有哪些是错误的，让大家予以评价，也比没头没脑地说出一部古装剧的效果要好。至少，说起川菜大家还可以接着聊下去，而且不至于让正在争执的人认为"劝架"的人是没话找话。

在讲话过程中出现冷场是很正常的现象，无论是出现了争执，还是谈论到了他人的隐私，这时继续交谈显然是不好的，应该立刻将话题转移到另一个区域。

冲动是魔鬼,别让伤害脱口而出

一个女人成熟的标志就是能够控制自己的情绪。

出口伤人其实是一种很愚蠢的行为。在情绪激动时说出一些伤害别人的话,不仅会影响与对方的关系,事后冷静下来也会为自己的行为感到内疚。

一个高情商的女人,说出的话会让人感到舒服,并且能够轻而易举地说服别人。所有人都愿意和情商高、会说话的女人打交道,原因可能就是和这样的女人一起聊天十分放松,不用担心无聊和冷场,也不用担心她会说出自己不愿听的话。

人们常说,冲动是魔鬼。情商低的女人之所以不受欢迎,就是因为她们容易被"魔鬼"控制,往往来不急考虑清楚就把话说出口,从不考虑脱口而出的话会带来怎样的后果。或许一开始,人们会因为她的心直口快而与其结交,但一个动不动就用言语攻击、伤害他人的女人，又有多少人愿意长期与她相处下去？

所以说，做事前要考虑好后果再做，说话前也要考虑清楚后果再说，这样可以避免伤害他人，也可以减少自己的懊恼。在与他人交谈的时候，我们一定要明白有哪些话是绝对不可以说的。

1. 别人的痛处不可以说

随意戳人痛处只会让人觉得自己没素质。情商低的女人，总是喜欢说一些刻薄的话语，丝毫不顾及他人的感受，有时戳到了他人的痛处而不自知，有时甚至为了凸显自己的优秀，就肆无忌惮地说别人的痛处。比如，明明知道一个男人因为秃顶而自卑，还要当着许多人的面说人家的秃顶看起来不正常，让这个男人更加无地自容。

这样的女人自然无法引起他人的喜欢。而情商高的女人从不这样，她们懂得站在别人的角度看待问题，不会刻意抓住别人的痛处进行取笑。她们明白一个人的痛处就像是扎在心里的刺，每次提及都像是把这根刺扎深了一寸，让对方的心灵受到严重的伤害。因此，她们会观察身边的人在意什么，顾及每一个人的感受，避免戳到别人的痛处让对方难堪。

2. 侮辱他人自尊的话不可以说

践踏别人的自尊，其实也是在践踏自己。每一个人都是有自尊心的，任何一个人都不愿意在人前被折损面子和尊严。但是，一些情商低的女人总喜欢说一些让人没面子的话，做一些损人利己，甚至是损人不利己的事情，就好像让别人没面子是一件让其十分自豪的事情一样。

比如，女同事A的老公给她买了一条项链，虽然不是什么值钱的首饰，却体现了老公的一番心意。女同事A戴着项链去公司上班，许多同事看到了都夸赞项链好看，女同事B却说："前段时间我男朋友也送了我这样一条项链，我觉得质量太次，怕划伤脖子，一直没有戴。"

这句话一出口，大家都低下头不说话了，默默地回到自己的座位上，女同事A也把项链收了起来。女同事B看到大家这样，不但没有意识到自己说错了话，反而为自己的"成绩"沾沾自喜。像女同事B这样情商低的人，估计很难在生活中找到朋友，也很难在事业上有起色。

情商高的女人，说话时会照顾他人的情绪，更会维护他人的面子，不会故意让他人难堪。懂得给他人面子的女人，他人也一定会给她们面子，这是自然而然的事情。

3. 无事生非的话不可以说

有些女人总是喜欢恶意揣测别人，看到刚开始工作的女孩子可以开车上班，就怀疑对方的钱来路不明，甚至造谣中伤他人。

一个刚参加工作的女孩经常得到对面已婚男同事的照顾，而女孩为了回报男同事的照顾，也会帮他买一些咖啡等饮品。两个人是很正常的同事关系，但是不到一个月，公司居然传出了两个人在一起的谣言，女孩迫于无奈选择了辞职。

后来大家才知道，谣言是一个保洁阿姨编出来的。有一次她看到女孩帮男同事买咖啡，就一口咬定两个人关系不正常，并把自己的想法告诉了其他的保洁阿姨。一传十，十传百，很快公司上下都知道了这件事情。

这种无事生非的女人最让人讨厌，对于某件事，如果只是听到一些传言，甚至只是你的一些猜测，那么最好不要大肆宣扬。一个不去臆想他人、不无中生有的女人，才会让人感到成熟、有修养。

4. 无法做到的承诺不可以说

有句话是"没有金刚钻，别揽瓷器活"。轻易许下承诺却不兑现，会让人觉得不守信用。承诺之前先考虑清楚自己是不是有能力兑现，如果不能就不要急着答应，许下的承诺一定要做到，这样大家才会觉得你是一个"言必信，行必果"的女人，才会毫无保留地相信你。

情商高的女人，不会刻意为难别人，也不会让人陷入为难的境地，她们会时刻考虑对方的感受，赢得人心也是必然的。

既然大家都愿意和情商高的女人对话,那么情商低的女人应该通过什么方式来改变自己呢?

1. 降低语速

所谓心直口快,"口快"虽然能够快速表达自己的想法,但是也容易说错话,所以应该适当降低自己的语速。不要不假思索地将所有想法都说出来,要给自己,也给别人留有余地。说出去的话收不回来,放慢语速能给大脑思考的时间,也就降低了出错的次数。在遇到急事时,能够条理清楚地将事情表述出来,既方便对方思考应对的办法,也会给人留下沉稳的印象。

2. 多思多看

如果说话总是不经大脑,就要多思考、多看书,让自己的心变得平静一些。在说话前先思考一下,这些话是不是应该说出口,这样的思考可以降低我们犯错误的频率。而书是一个人最好的老师,好书能够带我们去看人生百态,教会我们处事之道。多读一些好书,就会有文化气息,谈吐也会不同。在不断磨炼意志的过程中,让自己变成一个成熟、知性的女人。

3. 少说多听

想要学会"说话",就得先从"不说话"做起。如果老是说错话，不妨把自己"关起来"，改变自己说话着急、毛躁的毛病。当与别人聊天时，要控制自己说话的欲望，多听别人说，理解了他人的意思后再表达自己的想法。有时候他人找人聊天不是为了找一个能够与自己讨论问题的人，而是为了找一个倾听的对象，所以我们要做的就是在旁边倾听。

4. 控制情绪

这是最重要的一点。无论一个女人平时看起来多么端庄，在情绪失控的一瞬间，是没有智商和情商可言的，一定要等情绪冷静下来再做决定，这样才能避免让自己后悔。

这个世界没有如果，无论我们冲动过后多么后悔，无论我们说多少遍"对不起"都是无用的。"当时不应该这么说"和"当初我是真的很爱你"这句话一样没用。

错过的感情不会轻易回来，对他人造成的伤害也无法轻易弥补。

第四章

这样说话,长成西施也白搭

"直白"的你说的不是话,而是刀子

说话直白一点究竟好不好?

建立在善意的基础上,出发点不是为了伤害别人,或者说在特定的场合和时间直白地说出自己的想法,确实能够让人与人之间的沟通更加顺利。

前几年,网络上曾经流传过这样一段视频。视频拍摄的是一对情侣在讨论吃饭的问题。男生问女生想吃什么。女生说,随便。男生继续问,那吃火锅可以吗?女生回答说,火锅太油了,自己最近在减肥。男生继续问,要不要吃烧烤?女生说,味道太大了,而且等的时间很长。男生接着问,那吃海鲜可以吗?女生想了想说,自己不想吃海鲜。

男生认为两个人针对吃饭是讨论不出什么结果了,就对女生说,要不我们去看电影吧。女生想了想说,最近没有什么想看的电影。男生又提议道，要不我们出去散散步，正好可以减肥。女生说，饿着肚子减什么肥呀？男生发现话题又回到了吃饭上，就对女生说那我们先吃饭吧！女生说，好呀好呀！男生这个时候又问，我们吃什么？女生的回答又是随便……

故事就这样陷入了无限循环中……许多看过视频的人纷纷表示，自己在与女友相处中也经常出现这类情况。

想来很多人都遇到过这样的女人。每次大家提出举行活动询问她的意见时，她都表示没有意见，听从大家的决定。可是到了活动现场，她又开始挑三拣四，说这里不好，哪里不行。总之，一开始表示最无所谓的是她，最后要求最多的还是她。

中国人比较含蓄，不善于表达自己的想法，认为说话应该委婉一些。可是试想一下，如果一家公司组织旅游，询问员工的意见，男员工们表示听从上级安排，而女员工们既不肯直白地说出自己的真实想法，又要在负责人提出建议时百般挑剔。这样"不直白"的做法不仅浪费时间和精力，也容易让员工之间形成隔阂，就好像这些女员工在故意刁难负责人一样。

一个刚刚毕业的女大学生去面试，面试过程中感觉十分顺利，在她询问自己是否通过面试时，面试的负责人员对她说："回家等通知吧！"

就这样，这个女大学生开始了漫长的等待，在等待的过程中她推掉了三四家自己比较中意的企业发来的工作邀约，以及七八家她认为还不错的企业发来的工作邀约。等了一个月,她实在按捺不住,联系了企业的人事部,对方却告诉她"此次招聘人员已经满了,没有通知就是没有通过面试"。

这让她感到非常愤怒,但是也无计可施。很多企业面试后会对参加面试的人说一句"请回去静候消息吧!"但最后往往都没有下文了。既然决定不留用,为什么要给面试者这样一个希望?要知道,这样一个希望可能会让面试者放弃其他的机会,最后导致人家赔了夫人又折兵。

大部分企业都觉得直接拒绝会对面试者造成伤害,但让面试者白白等候又何尝不是一种伤害?当然,现今就业机会比较多,很少有人会耗费时间等待这个不知道什么时候才能到来的通知。可是,我们把面试结果直白地说出来又如何?

有时候说话直白一些是为别人着想的表现,因为直言相告至少可以避免让别人把时间消耗在无谓的事情上。从这个层面来看,直白是十分讨喜的,能够减少人与人之间的猜忌和误解,能够让我们把更多的时间和精力放在有用的事情上。

这一点在情感方面同样受用,通过直白的方法表达情感,能够让对方更加清楚地感受到我们的爱意。就像《爱我你就抱抱我》这首歌里唱的那样:如果你们爱我,就多多地陪陪我;如果你们爱我,就多多地亲亲我;如果你们爱我,就多多地夸夸我;如果你们爱我,就多多地抱抱我。这样的方式足够直白,也足够让孩子真切地感受到父母对他们的爱。

中国人一直崇尚处事"圆滑",但未必任何事情都能够"圆"得恰到好处,所以有时候我们需要用直白的语言和举动让对方明白自己的底线。

直白是一把双刃剑,用好了你就能帮助别人披荆斩棘,用不好你就是往别人心上插刀子。正所谓物极必反,直白原本并不算什么坏事,但是直白过头就变成了伤人的刀子。"口无遮拦"这个词语便是用来形容这类行为,即一个人说话不经过思考,想到什么就说什么,丝毫不考虑别人的感受,惹得身边的人嫌弃。

生活中很多女人打着"直白"的幌子,做着打击别人的事情,这样的行为是对"直白"的曲解。什么时候说了什么算是直白,什么时候说了什么算是"无脑",这点必须要分清。

很多女人对于"说话直白"的理解会产生偏差,从而让自己的话变得十分刺耳。这些误区包括以下几点:

1. 以自我为中心

直白不等于批判。然而,一部分女人认为自己的想法是对的,不管不顾地对别人的想法进行抨击,甚至连带着指责别人。被批判的人难免会产生抵触的心理,于是一旦发现批判方出现问题,马上就会紧抓不放,进而开始争吵,甚至大打出手,让沟通变成"斗殴"。

2. 发现的事情一定要说出来，不管是不是对方的秘密

每个人都有自己的隐私，哪怕是好朋友、夫妻、家人之间都应该尊重对方的隐私，但偏偏有些女人喜欢将别人的隐私大肆宣扬，不考虑对方是不是会因此感到难堪。甚至在别人为此感到尴尬和难堪时，她还会理直气壮地说自己是在阐述事实。我认为，这样的做法不是直白与真性情的体现，而是一种缺乏教养的行为。

3. 不管在什么场合，想到什么说什么

有些事情需要考虑说话的场合。比如，学生A家庭条件不好，从没到高档的餐厅吃过饭，当他和同学们到高档餐厅用餐时，表现得手足无措。同学B发现后在大家面前说："你是不是没来过这么高级的地方，脚都不知道该放哪了？"看似一句直白的玩笑话，却像刀子一样扎进了同学A的心里。

直白不是伤害别人的理由和借口，那些打着"我说话直，你别介意"的名头去伤害别人的行为，注定是不被人们接受和喜欢的。

聊天不是辩论赛,何必非要当"冠军"

赢得争论的方法只有一个,那就是避免争论。这是《人性的弱点》中的一句话。有人的地方就容易有摩擦,朝夕相处的亲人,或者关系特别好的朋友,都免不了有争吵的时候。其实,并不是所有的吵架都是坏事,有时候吵架是为了宣泄不满的情绪,让对方明白我们的底线是什么,这样的吵架不仅不会影响感情,还会让彼此更加明白对方。

可是总有一些女人,不是为了解决问题而争吵,只是为了分出高低,强迫对方认同自己的想法而争吵。这样的争吵毫无意义,因为"一定要赢"的念头会让双方争论的核心偏移,忘了最开始关注的是什么。

争吵,能够看出一个人的人品。或许有些女人觉得,争吵的方式能够让大家把自己的想法表达出来。不可否认,人们在冷静的状态下进行争辩能够表达出自己的观点，而且这样的争辩不会引起太大的负面影响。但是，一旦有一方情绪失控，将"赢"作为争辩的目的，那么这个争辩就没有任何意义。善于争辩的女人拥有好口才，但争辩的目的只是想强迫对方认同自己的观点，这自然不利于解决问题。

比如，你去参加一个小型聚会，酒过三巡，你和其他几个女人聚在一起讨论一部电视剧，原本就是随便说说，根本没人放在心上。这时一个女人说某明星参演了某电视剧，但在你的印象里该明星参演的是另一部电视剧，所以你指出对方说错了，但是大家一致表示是你记错了，你仔细想了想好像确实是自己记错了。

相信这个时候很多人都会感到尴尬，这时摆在你面前的有两条路：一是承认自己的错误，坦诚自己记错了，或者用一句话转移话题，让大家明白你意识到了自己的问题；二是拒不认错，表示是大家记错了。

这样的两条路自然会带来截然不同的结果：走第一条路，大家相安无事，继续讨论下去，以后还能够聚在一起；走第二条路，大家会觉得你小题大做，而且认不清自己的错误。如果性格温和，那她们可能当场不会说什么，但是肯定没办法继续聊下去，以后的聚会也不见得会叫你；如果其中有一两个暴脾气的女人，那她可能还会和你吵起来，总之是得不偿失。

总有一些女人把辩论和争辩当成是说服别人的方式，却不曾想，急切的争辩只会让别人看到你丑陋的一面。

什么是辩论和争辩？什么又是说服？

辩论和争辩是站在相对的立场上，想要证明自己是对的，说出一些让别人感到不适的话；而说服是站在相同的立场，站在对方的角度去说话，让对方感到舒服，从而起到让对方接受自己想法的效果。

在对他人了解不够透彻、无法知晓他人想法的时候，贸然说出自己的想法或者去解释对方的话，并不一定能够让对方认可，有很大可能会事与愿违，最终导致两个人或者两伙人发生争辩。想要说服对方，让对方接受自己的看法，能够和自己愉快地交谈下去，需要结合实际情况，循序渐进地说出自己的想法，这样才能引导对方。

所以说，争辩与说服两者之间具有很大的差距，但不明所以的女人总把争辩当说服，把对方的不予理睬当作认可了自己的观点。实际上，那些遇到事情总喜欢争输赢的女人，尤其是争执得面红耳赤的女人，大多是有太多的执念，无法放下那些所谓的尊严，也不愿意失去可有可无的蝇头小利。

可是，小到生活细节，大到国家大事，每个人都有不同的见解与看法，这都是个人习惯而已，争论根本没有任何意义。就算到最后他人默不作声，就能保证别人心悦诚服地认可你的观点吗？就算嘴上赢了，就能够保证以后不会出现同样的事情吗？答案是否定的。越是斤斤计较的女人，越是输得最多，看起来是赢得了嘴上的争辩，其实已经输掉了人格。

无时无刻不想着"要赢"的女人，不仅执念太深，也不具备面对失败的勇气与能力。因为输不起，所以不愿听到来自外界的批评，更不愿接受任何反对意见。这种心态就像掩耳盗铃，无论她们如何逃避外界的声音，事情都是真真切切地发生了。

只可惜，凡是爱争论、喜欢逞口舌之快的女人，都忽略了自己的一时之快是在往别人心上插刀子。

其实，每次争执过后，只要冷静下来，就能发现，自己之所以陷入毫无意义的争论中，无非是因为当时把重点放在了对方并不算友好的语气上，而不是针对谈话的内容。再者，又有谁愿意承认那些反对自己的声音？越是有反对的声音，就越容易引起内心的不平，也就越发不敢承认自己的错误，造成"基本归因偏差"。

基本归因偏差作为一种心理学现象，业界上给予的定义是：我们在考察某些行为或后果的原因时，高估了个体性因素，低估了情景性因素的倾向。即人们常常把他人的行为归因于人格、态度等内在特质，而忽略了他们所处的情境的重要性。

也就是说，面对他人的问题，我们认为这是对方的原因；而当自己出现问题时，我们却会把造成问题的原因归结于外部因素。

于是，面对别人的反驳和质疑，我们就会下意识地思考如何"打败"对方，而不是问自己，是不是我的问题？

这样的情绪是女人常有的，也不算什么个例。但问题在于，当我们产生这种心理而不自知时，就会陷入将自己犯的错归咎于他人，不知道从错误中吸取教训，并再一次犯错的死循环中。

那么，我们怎么才能降低"基本归因偏差"的影响，直至完全消失呢？这就需要我们建立"绿灯思维"。绿灯思维，是指当认识到的新理念或者行为与自己过往的认知不同甚至相悖时，不应该予以排斥，而应该去思考当中的价值。

林肯曾经说过："一个成大事的人，不能处处计较别人，消耗自己的时间去和别人争论，无谓的争论，对自己性情上不但有所损害，而且会失去自己的自制力。"

要知道，生活不是比赛，聊天也不是为了辩论，我们完全没有必要在一些无关紧要的事情上分出高下。

"女士优先"可不是用在说话上

女士优先是出于礼让,但并不意味着可以在所有事情上都做到优先。

比如,在说话的问题上就不能秉持女士优先的原则。说话是一件很容易的事情,但是并不意味着可以随便说。一个人的某一句话可能会对另一个人造成难以磨灭的影响,甚至影响对方的一生,所以说话时切记不要着急。占据的立场不同,说话的方式也就不同。如果别人说的话让你无法理解或者接受,那就保持沉默,不要试着抢夺话语权。

许多人不能忍受别人在大街上随地吐痰的行为,尤其不能忍受自己吃饭时,隔壁桌不断发出吐痰的声音。其实,那些总是喜欢抢别人话的女人,就像是随地吐痰的人,让别人感到讨厌还不自知。

无论是谁,当对方明白了你要说什么后,如果你依然不管不顾地表述自己的观点,相信所有人都不会喜欢这样的情况。

与人交往需要真诚,也需要注意说话的方式。如果与人对话时总是打断对方,很容易引起他人的反感,即便你对那人心怀真诚,也无济于事。

交流能够帮助彼此建立信任,也能够帮助我们了解一个人是否有良好的素质。一个女人无论能力多强,也无论心地多么善良,如果不善言辞,总是在说话方面让人感觉不适,那么就会被人认定是素质不高的女人。一个不懂得尊重他人的女人,自然不会获得大家的喜欢,也就没办法得到珍贵的友谊。

进一步说,一个有能力但不善言辞的女人,通常会被人看作是傲慢;一个没能力也同样不善言辞的女人,通常会被人认为不懂事。这两种女人成为"孤家寡人"也就不算什么稀罕事了。

在现实生活中,有很多女人一面讨厌别人打断自己说话,一面又总是不自觉地打断别人说话,经常一不小心就得罪了人,但自己还毫不知情。

生活是一种历练,说话是一种修行,想要提高自己的境界,就要在与人交流时注意说话方式,所以需要根据不同的情况选择不同的方式。

1. 无法理解对方的话

人与人的思维方式和认知程度不同，与别人交谈时，我们有可能会遇到自己从没接触过的内容，也有可能遇到对方表达不清楚的情况，所以有时可能听不懂对方的话。有些女人是急性子，一旦听不懂对方的话就恨不得马上打断对方，并且不停地追问对方，直到把自己不明白的地方弄清楚为止。

如果遇到没有听懂的问题，不要急着抢话，可以先把不懂的地方记下来。如果担心自己记不住，可以用笔写下来或者进行录音，等到对方说完再提出自己的疑惑，让对方为自己解答。如果对方的解答还是让你感到困惑，可以继续提问，但在理解后要及时表达谢意。

2. 对方表达的内容不正确

当今社会网络发达，许多信息都可以通过网络传播。然而，网络的飞速发展也有利有弊，一方面能够让人通过更多的渠道获取信息，另一方面由于网络上的信息真假参半，很有可能导致获取假信息。当人们聚在一起聊天时，他们也会把从网络上得到的假信息进行传递。由于人的记忆有时并不可靠，所以在交谈时传达的信息也未必全部正确。有些女人喜欢较真，一旦发现对方说错了，就会马上打断对方并予以纠正。可能在她看来，这是在及时纠正别人的错误，但是不分场合突然打断别人的话会让人感到难堪。

  谁都有说错话的时候,即便你发现了对方的说法存在纰漏,也要小心谨慎地指出。如果周围还有其他人,或者错误比较大,为了避免别人被误导,也为了让对方能够在错误的道路上迷途知返,可以选择打断他的话,但是要注意说话的方式和语气;如果听众只有你一个人,并且对方只是说错了一些细节,所犯的错误并不严重,那么你可以忽略或者让对方把话说完再进行讨论。

3. 对方的话不够全面

  讲故事时,由于每个人感兴趣的点都不一样,故事的侧重点会有所不同。分析问题时,每个人的关注点和侧重点也不同,所以在交谈时表述的观点未必足够全面。当别人表达的观点不够全面时,我们要做的就是静静听对方讲完,然后进行补充,而不是立刻提出对方的不完善之处。

4. 没有耐心让对方把话说完

  很多女人在与他人交流时缺乏耐心,对方一张口就恨不得马上接话。不过,这也分为两种情况,一种是对方说的话是你之前听过的,你早已经知道结果所以不想做深入讨论;另一种是,你觉得对方说话时间太长,自己也想发言。

  无论是哪种情况,都不能成为抢话的理由,尤其是身边还有别人的时候，更需要为他人考虑，就算话题对你而言没有吸引力，但未必对他人也没有吸引力。如果别人感兴趣的话题被你打断了，别人一定会感到不开心。

在与人交谈时，一定要让对方把话说完，经过思考后再表达自己的观点。要知道，在交谈中心急是"吃不了热豆腐"的。比如，你和一个平时关系不错的女人聊天，对方刚刚开口说自己前段时间去北京出差了，你马上接话说自己前段时间也在北京出差，还质问对方为什么不找自己逛街，语气中还有些许埋怨的意味。你以为对方听了这些话会觉得内疚，却不想对方冷冷地说自己出差的第二天就病倒了，在医院住了一个星期。这样一来，你会不会觉得场面十分尴尬？

因此，在与人交谈时一定要保持耐心。通常情况下，越是成熟稳重的女人，越不愿意抢话。因为她们明白，只有到了最后一刻，听到的内容才是最完整的，也只有结合完整的故事，并经过深思熟虑，才能让自己说出的话更有逻辑和感染力。

总之，不管是多么"急性子"的女人，为了表现自己而随意插话总是不好的。身为女人，你必须明白，任何时候"女士优先"都不应该用在说话上。

秘密不能被拿来当乐趣

每个女人的心中都有属于自己的小秘密。

一段已经过去的感情、一个偶然间发生的错误、一个不能言说的不好习惯……可能都是别人心中的秘密。耐心倾听他人的秘密，还能为其保守秘密，并不让别人因为这个秘密而难堪，是一个十分重要的美德。生活中可能很多人曾将自己的秘密告诉过值得信赖的朋友，也有很多人曾充当过这个值得信赖的朋友的角色。

我们都明白，有的人会对我们的痛苦"感同身受"，但任何人都不可能替自己分担痛苦。我们伤心难过的时候找人倾诉，只是为了将心中的不满与压抑发泄出来，让自己能够好受一点。将心中的苦闷像倒垃圾一样倒出来，才能让自己轻松一点，也才能转身用笑脸去迎接这个世界。

如果一个人愿意向你倾诉自己的秘密，那么说明这个人对你十分信任，也说明这个人信得过你的人品。面对他人的倾诉，我们要做的就是倾听并为其保守秘密，无论对方说的是无关紧要的小事情，还是不堪的隐私，我们要做的都是倾听、劝慰，然后忘掉这件事情，就像对方从来不曾对自己说过一样。

对他人的秘密绝口不提，是做人的基本道德要求。但是，现实毕竟没有我们想的那么简单，每一个人的素质水平也高低不齐，分辨一个人是不是值得自己倾诉秘密，需要有一双慧眼，否则秘密就会像病毒一样传播开来。可笑的是，许多传播他人秘密的人总喜欢最后说一句："千万不要告诉别人。"

己所不欲，勿施于人。试想一下，如果你有一个秘密向朋友倾诉了，然而不久之后，你却从另一个朋友口中听到了这件事，遇到这样的情况谁会不生气？但我们无论多么伤心、生气，都只能这样安慰自己：秘密是从自己的嘴巴说出去的，既然自己可以随意说出口，也就不算是什么了不得的大秘密了，这件事怪不得旁人，只能怪自己太相信别人的"口德"。

别人把自己的秘密告诉你，是充分信任你的表现，可是你转身就把这件事情告诉别人，这就辜负了旁人对你的信任。也许那些将他人的秘密说出去的人也认识到了这一点，也许她们也希望自己能够守住他人的秘密，但由于种种原因，她们并没有达到这样的期许。

在这个充满"八卦"的社会上,想要自己的秘密不被人知晓是一件很难的事情,想要守住别人的秘密同样也非易事。泰国手机网络运营商DTAC曾制作了一部反网络暴力广告——《"感谢"分享》。在这个广告中,正在读书的女主人公有一个十分特殊的小癖好——她喜欢吃自己的鼻屎。这个癖好不知道持续了多久,但一直没有被人发现。有一天,一个女同学无意间拍下了女主人公偷吃鼻屎的画面,并在另一个女同学的怂恿下传给了认识的人。虽然她嘱咐别人不要外传,但很快,所有人都知道了女主人公的特殊癖好。

这条视频的传播让女主人公的世界彻底改变了,她的男朋友因为看到了视频而选择分手,还有许多人将鼻屎贴到了她的桌子上,甚至还标注了口味。无奈之下,女主人公选择了转学,她以为换了学校和环境就可以重新开始,可是当她再次看到自己课桌上标注着"荔枝味"的鼻屎时,还是忍不住哭了起来。故事的最后,两个把视频传播出去的始作俑者在一起聊天,她们觉得女主人公未免有些小题大做了,但事实上她们毁掉的是女主人公的一生。广告最后的字幕上写着:"当有人的生活被毁了,就不是玩笑了。停止观看,停止分享,阻止网络暴力。"

《"感谢"分享》的简介中写道:"有时候玩笑与伤害只有一线之隔。有时候一个人眼中的玩笑也可能成为扎在另一个人身上的刺,旁观者觉得无伤大雅,只不过是事情没有发生在自己身上罢了。当你无意得到了一段熟人的'惊人'视频，怕是很难压抑住想要分享的心思吧？就像所有的秘密一样，越不能说，越有着神奇的力量，每时每刻都调动着人散布的欲望。'我就告诉几个人，让他们不要传出去就好了。'这样想着，本就微弱的负罪感就会立马'降服'于由爆料带来的满足感。然而，守住秘密的最好方式，不是监督下一个得到消息的人守口如瓶，而是让秘密在你心里就被断绝去路。"

守住秘密，体现了一个女人的真诚，也体现了一个女人的修养。人世间有无数的秘密，每个人的秘密都不尽相同，而且千奇百怪，帮别人守住秘密，也就是帮别人守住了声誉，同时也是帮自己守住了人格。

一旦别人将自己的秘密告诉我们，我们就要坚守诺言，帮助对方保守秘密，不要辜负对方的信任。那么，我们怎样才能守住他人的秘密呢？

1. 管住自己的嘴巴

俗话说"祸从口出""言多必失"。无论是与人交流也好，还是有意或无意知道了别人的秘密也好，都要管住自己的嘴巴，不要到处和别人说，也不要想着如何用这个"重大新闻"去获取其他的信息。

2. 学会体谅别人

每个人都有自己不可告人的小癖好或者是伤心事，这些都是不希望被他人知道的事情，所以当我们有意或无意间发现了对方的小秘密时，要懂得站在对方的角度思考，学会体谅对方，不要把秘密告诉别人。同时，这也是在尊重别人的隐私，这不仅体现了一个女人的道德水平，也体现了女人的良好修养。

3. 找到发泄点

并不是每个女人都可以轻松守住秘密，总有一些女人认为他人的秘密对自己来说就是负担，这个时候找人诉说并不是明智的选择，但不能诉说又会让自己觉得很压抑。这个时候我们可以选择写在纸上然后撕毁，也可以对着自己的宠物或者心爱的玩具倾诉，亦或者可以到公园里没人的地方说出来，通过不会"泄密"的方式来发泄情绪。

4. 忘掉秘密

帮助一个人守住秘密最好的方式就是忘掉这个秘密，不要经常在心中念叨这个秘密，否则很容易在无意间将秘密说出来，所以我们可以下意识地忘掉这件事情，当做什么都不知道。

当别人不想表达的心事时，记住不要刨根问底。因为你的刨根问底对于旁人来说是一种伤害，会把自己的人际关系变得一团糟。即便是十分要好、亲密的朋友或者亲人，都要保有底线。

如果对方愿意被你"刨根问底"，甚至愿意主动告诉你自己的秘密，那么你要做的就是倾听并保守秘密。那个可以对你袒露真心，并愿意将自己的秘密告诉你的人，一定十分信任你。

不管对方是为了找个说话的机会，还是为了找个人分担自己的痛苦，既然对方找到了你，你就要当好这个"树洞"，让对方的秘密终结在你心中。

你说别人丑的时候，自己也没美到哪去

贬低别人并不能抬高自己，而是同样贬低了自己。

民间一直流传着一个故事，是关于宋代大文豪苏轼和高僧佛印的。

苏轼是大才子，而佛印是高僧，两个人看起来毫无瓜葛，可是经常一起参禅、打坐，一起谈佛论道。本性老实的佛印，总是被苏轼"欺负"。

有一天苏轼去拜访佛印，和佛印坐在一起聊天，苏轼看着佛印，突然想刁难他一下，就问佛印：你知道你坐在那里会让我想到什么吗？

佛印回答说：我不知道。

苏轼又接着说：大师，您坐在那里看着很像是一坨屎。

说完苏轼哈哈大笑，佛印却看着苏轼说：苏学士，您在我眼

里俨然是一尊佛。

得到了佛印的夸赞,苏轼得意扬扬地回到家找来苏小妹,并对苏小妹讲了自己与佛印的故事。苏轼说完以后,本以为苏小妹会觉得自己很厉害,但苏小妹摇了摇头,对苏轼说:"哥哥你的境界不够高,佛印他心中是佛,所以任何事物在他看来都是一尊佛,而你心中有屎,所以任何事物在你看来都是一坨屎。"

苏轼并不是故意要贬低佛印,只是想开个玩笑,他以为是自己捉弄了佛印,却被苏小妹一语道破其中的玄机。这个故事也告诉我们,当你说对方不好的时候,其实也意味着你自己不够好。

在生活中,每个人都会遇见几个自以为是的女人,她们总是喜欢贬低别人,好像把别人说得一无是处能体现自己能力出众一样。有的女人为了凸显自己的厉害,故意用自己的优点和别人的缺点进行比较,这样的女人,就算真的有过人之处,也会被人轻视。

还有一些女人喜欢"王婆卖瓜,自卖自夸",觉得自己是一个远远强于别人的"完美女人"。可事实上,没有哪个人是完美的,人都有缺点,只是有些人意识到了,有些人不愿意承认而已。那些只知道自我陶醉的女人,会因为自己的态度问题而遭到旁人的排斥,让自己处于不利地位。

一个女人拥有自信自然是一件好事,一个女人自爱更不是坏事,但是自信并不是要我们骄傲自大目无他人。俗话说"天外有天，人外有人"，这世界没有绝对的强者，也没有永远的强者，我们对待任何事物都应该保持敬畏之心。我们只有学会了尊重他人，他人才有可能尊重我们，一个不懂得尊重他人的女人，同样不值得他人去尊重。

在现实中，许多女人喜欢吹嘘自己曾经的辉煌，走到哪里都不忘夸赞自己的能力与学识，她们以为自吹自擂可以获得周围人的好感和赞扬，让别人对自己产生崇拜之情，从而拉近与对方的关系。但实际上，越是喜欢吹嘘的人，越容易被人所厌恶，让他人心里产生无比的反感。老子曾经通过"水"来解释人生的哲学："上善若水，水善利万物而不争。"这是在告诫世人，无论何时都不要自满，即便你拥有渊博的学识，也要懂得谦虚。因为只有时刻牢记谦逊，才能够得到他人发自内心的尊重，才能有共同学习的机会。

伟人多谦逊，小人多傲慢。无论你有多大的本事，都应该学会谦虚。时刻保持高傲的性子，摆出一副不可一世的架子，只会让别人更加看不起你。

还有一些女人为了凸显自己的优越感，总是喜欢说别人看上的事物"很丑"。逛街的时候，朋友喜欢一条项链，她瞥了一眼说道："这个一点都不适合你，而且这么丑，你有没有审美啊！"朋友和她聚在一起说悄悄话，聊起了心仪的男生，对方说起的人恰好她也认识，她便不屑地撇撇嘴，说道："啊？你喜欢他呀？长得那么丑，有什么好的？"朋友自己做了个小饰品，拿来让她看看，她只看了一眼就说："你这是从哪儿捡来的？这么丑！"偶有一次或许不算什么，可是长此以往任谁都会觉得厌恶，仿佛打压了对方，就会体现出自己的优越感。

有些女人总喜欢高人一等，于是在朋友面前就爱摆出一副"我什么都懂，听我的就行了"的模样。也有些女人觉得在朋友面前可以直言不讳，于是觉得不好便喜欢赤裸裸地指出来，丝毫不顾及对方的面子。无论出于哪种心态，对方把自己认为很重要的事情和你分享，没有得到你的赞扬不说，还惹来你的吐槽，这是谁都无法接受的。

每个人都有自己的生活方式和处事之道，对于别人的事情，无法欣赏就不要过多干涉与询问，即便要发表意见也要注意言辞，不要让对方觉得自己咄咄逼人、趾高气扬。如果实在无法和对方有共同话题和爱好，那就直接选择远离，不要为难了自己也耽误了他人。

人们总喜欢听一些奉承的话，哪怕明知并不是真的。古人更是告诫后人"忠言逆耳"，可是如今有多少人打着"忠言"的幌子故意说"逆耳"的话。有些女人觉得自己无意说出的话让别人难过了好久，觉得自己很委屈。有些女人却理直气壮地说："我说话一直这么直接，你也知道我从来不说假话，我也没办法。"

她们以为这是心直口快，其实这是在伤害自己的朋友。朋友之间应该互相呵护，就算两个人关系很好，也不要说话直来直去，该委婉的时候委婉，该给予宽慰时也不要吝啬。或许会有朋友对你说"我感觉自己特别糟糕"，但无论对方说了什么贬低自己的话，都不是为了让你附和"你确实很糟糕"，而是希望能从你这里得到宽慰，希望你告诉他"其实你很好"。

在对方妄自菲薄的时候，你为了不违背自己的良心连宽慰的话也不愿意说，反而丢下一句自认为正确的"其实我也觉得你挺糟糕的，但是我一直没好意思说"，那会有什么后果？你可能觉得自己只是"无意"中说了句实话，并没有感到有什么不妥，但是对于对方来说，这样的说法就是在泼冷水。任何时候，理直气壮地回答对方的话，都是不应该在打击他人的基础上进行的。我们都是普通人，没有权利去评判他人。

管好自己的嘴，不要刻意贬低任何人，这也是一种修养。

第五章

上得了厅堂,也要下得了厨房

朋友之间玩笑也不要开得太过分

开玩笑可以让沟通变得更加轻松,适当的玩笑能够展现一个女人的幽默感。

有人说:"将人生比作一份美食,幽默就是这份美食的调味剂。"假如生活没有幽默,没有玩笑,那么我们也会觉得生活失去了乐趣,又怎么会感到快乐?

在生活中,我们要面对来自家庭、事业、社会等各方面的压力,适当地和朋友说说玩笑话,能够活跃气氛,也能放松心情,缓解压力。虽然开玩笑确实可以让我们感到快乐,但是开玩笑也要注意时间、场合和人物,玩笑开过了头,就会影响别人的心情,甚至让别人感到厌烦。因此,我们在开玩笑时一定要注意场合,不要总想着捉弄别人。

适当的玩笑可以拉近人与人之间的关系,让他人感受到你的幽默，所以，想让"开玩笑"恰到好处，必须把握好这个"度"。

1. 不要拿他人的缺点开玩笑

这世界上没有人是完美的，每个人都有缺点，但这缺点不应该成为被别人取笑的理由。即便对方是你的闺蜜，也不能拿对方的缺点来开玩笑，可能你觉得很好玩，可能你没有恶意，但是对于对方来说，这样的玩笑可能会刺痛她和激怒她，进而毁掉你们之间的友谊。

2. 不要不分场合进行恶作剧

开玩笑的常规手段之一就是恶作剧，确实有些恶作剧很有趣，也能够增强彼此的友谊，但是搞恶作剧也要分清场合。如果对方正处于情绪低落的时候，你悄悄进行恶作剧整蛊对方，那么你们收到的不一定是快乐，很可能是两个人的决裂。

3. 不要伤害别人

开玩笑也好，恶作剧也好，我们都是本着开心、高兴的心态，但如果有人在这个过程中受了伤，那就不是一件能够引人发笑的事情了。

4. 不要不休不止

开玩笑和恶作剧都应该适可而止,一旦对方已经表现出不愉悦,就应该立刻停止并道歉,不要拿别人的窘迫来开玩笑。

我们每个人都有独立的人生观和价值观,也都有不同的心理承受能力,并不是所有人在任何时间场所都能接受别人的任何形式的玩笑。玩笑适当,我们就能够多交一个朋友;玩笑不适当,那就是搬起石头砸自己的脚,让自己到处树敌。

所以,开玩笑一定要把握好"度",不要让自己成为一个"过分"的女人,也不要让自己变得像"过街老鼠"一样引人生厌。

请记住：面试时，你的名字就是"不紧张"

对于众多女性求职者而言，面试时最难以克服的问题就是紧张。

面试是每一个步入职场的女人都要经历的一步，但并不是每一个女人都能顺利地通过面试。有些女人从名牌大学毕业，自然能够很轻易地通过面试，但有些女人并非出自名牌大学，却也能在一众与自己水平差不多的女人中脱颖而出，这靠的就是她们的自信与不紧张。

刚刚走出大学校门的学生，在面试时由于太过紧张，导致面试失败的事情屡见不鲜。其实，紧张主要是因为心理素质不够强大，所以只要做好前期准备，就能够有效缓解面试时的紧张情绪。

1. 不要迟到

守时是现代交际的重要原则之一，也决定了面试官对于我们的第一印象。作为一个女人，可以要求约会对象毫无怨言地等待，但不能要求面试官等待自己。所以面试时必须提前到场，最好是提前半个小时，以防止路上遇到突发状况。

2. 穿着得体

面试时应该穿着得体。通常情况，面试者的穿着和仪态会对面试结果产生至关重要的影响。所以女人在面试时穿着不要太暴露，也不要太随意，更不要佩戴太多饰品，最好是穿着比较成熟的职业装或其他较为正式的着装。另外，最好不要穿之前没有穿过的新衣服，防止衣服穿起来不舒服而影响面试成绩。

3. 资料充足

在面试时，需要带好自己的相关材料，比如对方要求的学历证明、专业证书等，也可以带上之前工作中比较出色的成果，让面试官能够第一时间对你有所了解。

在面试前做好准备，面试中就不会太过慌乱，但准备工作不只包括知识、形象等，还有心理、精神等方面的准备，尤其是在说话这方面。

1. 懂礼貌，常微笑

没有人会讨厌一个有礼貌的女人，参加面试时表现得彬彬有礼，见到面试官主动问好，能够给面试官留下一个好印象。正所谓"伸手不打笑脸人"，任何公司都愿意要一个充满正能量的员工，而不愿接受一个充满负能量的员工。所以面试时除了要懂得礼貌，还要时刻保持微笑，让面试官感到自己是一个自信乐观、积极向上的女人。

2. 放缓语速

在面试时，有些女人由于紧张说话会很快，有些女人原本语速就很快，这样的行为对面试极其不利。一来，面试官未必能够听清楚你说的话，你自然也不会给面试官留下好印象；二来，语速太快会让人感觉轻浮、急躁，而企业在面试时总希望找到比较成熟稳重的员工，这样很容易与工作失之交臂；三来，如果是由于紧张导致语速太快，那么语速越快的同时人也就会越紧张，这样会形成恶性循环，影响面试结果。所以，面试时要放慢语速，让自己有时间思考应该怎么说，也让面试官听清楚你说了什么。

3. 保持谦虚

大型公司在组织面试时，通常会由几个面试官共同进行面试，小型公司可能只有一个人进行面试，但无论多少个人，对方一定是久经职场的人，甚至可能是某个领域的专家级人物。在面试时，对方可能会提问一些较为有深度的问题，这个时候一定要谨慎作答、谦虚作答，千万不要为了显示自己的能力而不懂装懂，更不要因为害怕不能被录用就大吹大擂。

4．扬长避短

每个人都有特长，也都有不足之处，这一点体现在性格上，同样也体现在专业上。因此，在面试过程中要学会扬长避短，必要时通过较为婉转的方式向对方阐述自己的特长和不足之处，并通过特长来弥补不足，展现自己的综合能力。值得一提的是，面试的时间往往不会很长，求职者不一定有时间将所有的才华都展示出来，这个时候就要挑选对面试有利的才艺进行展示，其他的才艺可以暂时放一放，等面试通过后，在工作中可以慢慢展示。

5．避免聒噪

在面试时，面试官提出问题就要及时回答，而且一定要言简意赅，避免出现词不达意等情况。有一点需要特别注意，不要用太长的时间去回答简单的问题，因为这样很可能使面试官觉得你聒噪。总之，在面试时该说就说，该安静时就安静下来，不要喧宾夺主。

面试对于一个女人而言是很重要的，尤其对于初次找工作的职场新人来说更为重要，可是一味紧张并没有用，把握技巧才是取胜的关键。总之，该准备的就好好准备，剩下的就交给面试官了。

别做同事中的"长舌妇"

"男女之间不可能存在友谊,有的只是爱恨情仇。"

这是王尔德说过的一句话。在职场上,不会有清一色都是男人的单位,也不会有清一色都是女人的单位,在有男人也有女人的地方,就会有形形色色的"小道消息",还有无数恶意中伤他人的话语。

有人说,如果这世间没有人在背后议论别人,那么也就不会有那么多纠纷。确实,许多纠纷其实都来自于背后议论,那些总是到处说别人坏话的女人总是不被人喜欢,还因此被人戴上了"长舌妇"的帽子。舌头无疑是柔软的,但长在别有用心的人的嘴巴里,柔软的舌头也变成了伤人的利器,这利器不但会对别人造成伤害,还有可能伤到自己。所以,女人在说话之前务必要仔细斟酌,不要成为那个人人喊打的"长舌妇"。

初入职场的女人懵懵懂懂，还不能灵活地应对职场的刀光剑影。而在职场摸爬滚打多年的女人固然有了些许经验，可是这并不能成为我们对别人横加揣测的理由。比如，一个刚刚毕业的女大学生，喜欢化妆和穿短裙，就被年长的女同事说成是"看一眼就知道这不是个好女孩"。接着，短短时间内就传出了这个女孩"坐台""被包养"等谣言。这个女孩是否会因此受到伤害，她们是丝毫不关心的。

又比如，一个男员工和妻子在电话里吵架，被一个女员工听到了，这个女员工把这件事告诉了另一个女员工，另一个女员工又告诉了别人……一传十，十传百，最后竟演变成了"这个男员工马上就要离婚了"，这让男员工十分无语。这自然是无稽之谈，只是小道消息来回传播后出现的"误差"。至于男员工的婚姻是不是会受到谣言的影响，是没有人关心的。喜欢造谣、中伤他人的女人，就是"长舌妇"，无论在哪里都是会被人厌恶的。

女人聚在一起总喜欢说些东家长、西家短的事，以此来满足自己的好奇心。但是，满足好奇心也应该建立在不伤害别人的前提下，因此不要去传播对他人影响不好的话。即便我们无法阻止他人恶意揣测，也应该听过就忘掉，而不是转身就"添油加醋"地告诉另一个人。

舌头当真是厉害的武器。"长舌妇"最喜欢、最擅长做的事情就是把一些捕风捉影的事情，添油加醋地进行传播，偏偏这个社会"好事不出门，坏事传千里"，每个人都在故事里添加一些个人特色，原本平淡无奇的事情也就变成了风谲云诡的职场大戏。

事实上，古人就非常厌恶这种"长舌妇"的行为。在封建社会中，休妻所规定的"七出"中便有一条是针对"长舌妇"的——"口多言"，简而言之就是搬弄是非，对家庭团结产生了不利影响。

生活如是，家庭如是，事业上亦如是。在生活中，"长舌妇"的挑拨会让一个家庭不和睦——兄弟反目、夫妻成仇的事情屡见不鲜；在工作中，"长舌妇"的挑拨同样会让一个企业四分五裂——大家各自为政，整个工作环境乌烟瘴气。无论是生活中还是工作上，"长舌妇"总是一个不被人喜欢的群体。

女人一定要时刻管好自己的舌头，把它看作珍宝，该沉默时就保持沉默，这样的女人能够得到许多的好处。

如果想和别人聚在一起闲谈，就要想着如何让大家轻松一点、愉快一点。我们有那么多的方式打发时间，让自己充实、快乐起来，为什么要选择在背后讽刺、挖苦别人这种最让人厌恶、最为人不齿的方式呢？如果你想要找人聊天，但身边的人都在讨论他人的是非，导致你实在没有其他的话题可以聊，不如出去跑跑步,或者在家练练瑜伽,既能锻炼身体,还能陶冶情操,总比讨论别人的是非要好得多。

其实,女人还是做自己比较好,不用关心别人怎么看、怎么讨论自己。当然了,也不要随便去评论别人。

夫妻之间，多撒娇，少撒气

家是讲爱的地方，不是讲理的地方。

夫妻之间没有血缘关系，连接两个人的无非是一份感情，但是争执、生气、吵架等具有负面因素的事情发生得多了，自然会影响夫妻之间的感情。

总有男人愤愤不平地说着妻子的坏话：脾气差、没素质、不讲理……似乎在他们眼中，自己的妻子就是一个不知道心疼自己的女人。

中国有句古话叫"清官难断家务事"，家务事之所以难断，是因为一家人之间都是血脉相连，无论发生多少事情，家人之间都不会生分，所以也没有办法用"道理"来评判对与错。

这个世界上有许多夫妻，都是为了争一个"理"字弄得两败俱伤；这个世界上有许多家庭，为了争辩孰对孰错搞得伤痕累

第五章 上得了厅堂，也要下得了厨房

累。其实，家庭不是讲理的地方，是讲爱的地方，需要"得饶人处且饶人"，这样家庭才能和谐。

有些女人虽然结婚很长时间了，但还是喜欢和老公斗嘴、撒娇，其实女人斗嘴也好，撒娇也好，都是为了得到热恋时那种被哄着、宠着的感觉。男人只要好言相劝，让着女人一些，女人就会十分听话，并且愿意去关心男人。女人在婚姻中得到了"爱"，才愿意去付出"爱"。

每个女人都希望自己的婚姻生活美满快乐，但想要达成却不是一件简单的事情，作为一个妻子必须学会如何化解夫妻之间的矛盾。化解夫妻矛盾的方式有很多，撒娇便是每一个女人的必备武器。会撒娇的女人是可爱的，能够让男人心软，所以如果夫妻间产生矛盾，那么女人不要急着撒气，不妨先试试撒娇。

1. 因为孩子而产生矛盾

孩子是夫妻爱的结晶，但许多夫妻都会因为孩子的问题产生争执。夫妻因为孩子发生争执时，妻子可以先把孩子叫到一边，告诉孩子去和丈夫玩耍，等到气氛稍微缓和后，可以靠在丈夫的肩膀上，说一些软话，让对方意识到两个人不该为此争执。

2. 因为老人而产生矛盾

我们常说年龄差距大的人之间有"代沟"，还有人说"三

岁一个代沟",家里的老人和我们相差了几十岁,存在代沟很正常,会产生矛盾也在所难免。如果夫妻二人因为老人而产生矛盾,这个时候夫妻俩最好先冷静一下,等到把问题想清楚后再慢慢讨论。讨论时说话的语气柔和一些,要注意自己的目的不是为了吵架,而是为了解决问题。

3. 因为钱财而产生矛盾

女人都喜欢买东西,所以许多家庭都会因为钱财问题产生矛盾,这也不算是什么稀奇的事情。在钱财问题上,我们必须明白丈夫的金钱观,并且把你花钱的原因告诉她,适当的时候可以撒娇,让他不忍心"为难"你。

4. 因为家务而产生矛盾

现在很多人都是独生子女,都是在父母的宠爱下长大的。结婚前,可能很多家务都是父母包办的,可是结婚后,家务就要两个人来分担。有些男人习惯了被"伺候",根本不愿意做家务;女人也是千娇万宠长大的,又怎么愿意去"伺候"一个男人?久而久之,就会觉得自己受了委屈,进而出现矛盾。

其实,有委屈应该委婉地告诉对方,不要傻傻地埋在心里等着对方发现。生活不是偶像剧,与其等待对方发现,不如把心中的委屈告诉他。有些男人并不是不愿意做家务,而是没有意识到

第五章 上得了厅堂，也要下得了厨房

你希望得到他的帮助，这个时候只要告诉男人去做些什么，或者用撒娇的语气让对方帮自己做些什么，事情可能就迎刃而解了。

总之，夫妻之间的关系就像是一根弹力绳，撒气只会让这根弹力绳越拉越紧，当承受不了压力时弹力绳就会断开，那时受伤的是夫妻两个人。

撒娇女人最好命，多撒娇，少撒气。

长辈面前,放低姿态也没什么大不了

尊敬长辈、孝顺父母是一个女人的基本素养。

在实际生活中,许多人把对长辈的孝敬定义为让对方"有钱花"。其实长辈需要的不是金钱上的孝敬,而是子女的陪伴,让自己不要那么孤单。

不同的年龄阶层,关心的问题、热衷的话题也都不同。我们总喜欢把人分为"70后""80后""90后""00后",这也是因为每一个年龄阶层喜欢的事物不尽相同,思维习惯也都不尽相同。长辈们也有必要按照年代进行划分,虽然也有"忘年交"存在,但这种情况极其少见。比如,一个八十岁的老人与六十岁的老人相比,他们的思维就不尽相同,他们喜欢的话题也极有可能不同。

那么,在和长辈聊天时,怎么才能讨得对方欢心呢?

1. 态度要亲切

和长辈聊天时，态度要亲切，表现得开心一些。不要表现得像是"上刑"一样，皱着眉头嘟着嘴，这样长辈看到了会失去和你聊天的兴致。

2. 放慢语速

年纪大了以后各个身体器官都没有年轻时那么好用了，接受能力可能也不如从前，所以说话要放慢语速，长辈才能够听清楚你说的是什么。和长辈聊天不是参加比赛，没有必要和电视上的"名嘴"一样说话那么快。

3. 要有耐心

和长辈聊天要保持耐心。人年纪大了可能会经常忘记一些事情，很多话会重复说好多遍，这个时候不要表现出不耐烦。要知道，你小时候学说话的时候，长辈也是这样听你说的。有些女人和长辈聊天时，总喜欢时不时地看手机，表现出一副很多事等着自己处理的样子。其实，她们并没有多忙，只是不想听长辈们说话而已。人的生命有限，在有机会陪伴长辈的时候还是多陪陪他们吧，不要在失去他们的时候后悔。

4. 聊聊长辈年轻的时候

每个人的一生都不可能毫无波澜，长辈们年轻时的生活是我们无法想象的。老年人有个很厉害的地方，那就是虽然他们学不会现代的新技术，但是他们会记得过往事情的每一个细节。多与长辈们聊聊他们年轻时候的事情，相信他们可以把那时发生的事情讲述得津津有味。

5. 聊聊长辈的兴趣爱好

每个人都有兴趣爱好，我们的长辈们也一样。如果你实在不知道和长辈聊些什么，不妨问问长辈平时做些什么来打发时间。他们回答后你自然就知道他们的兴趣爱好了，也就知道应该说些什么了。

6. 多听，不要抢话

和长辈在一起聊天时，不要只顾着滔滔不绝地说，因为长辈未必听得懂，也未必感兴趣。人到了一定年龄总是喜欢怀旧，特别喜欢说自己年轻时候的事，作为晚辈你只需要静静地听着就好，时不时附和几句，不明白的地方也可以提问。要知道，他们的阅历是我们远远不及的，他们所说的东西值得我们学习。

7. 不要和长辈争执

年轻人在一起聊天时喜欢争论，但这个习惯千万不要带到和长辈聊天的过程中。长辈不喜欢和晚辈争论，更不喜欢晚辈和自己争论。人年纪大了，思维会僵化，没有年轻时那么容易发现自己的错误。在这种情况下，假如长辈坚持自己是对的，并且说你是错的，应该笑着把话题带过去，不要去和老人争论。有的女人性子倔，不肯低头认错，而老年人的性子可能更倔，更不愿意低头认错，这个时候晚辈不主动揽下错误，无疑是在激怒长辈。

8. 关心长辈身体

与长辈交流时，最好一开始就询问对方的身体状况，表达自己的关心之情，还可以根据长辈的身体状况提出一些合理的建议，让长辈能够利用科学手段预防心血管等方面的疾病。

第六章

别让自己变成一个怨妇

第六章
我家个一如变与官主眼

"紧箍咒"只对孙悟空有效，对老公无效

女人总以为自己的"紧箍咒"可以留住男人，但是她们都忘了，"紧箍咒"是唐三藏用来对付孙悟空的。

在婚姻生活中，许多男人总是有一个疑问，那就是为什么自己的老婆总是喜欢唠叨，就像是电影《大话西游》中的唐三藏，把人弄得烦不胜烦。

许多女人认为自己对着老公唠叨是证明自己在乎他，如果对方不是自己的老公，自己才不会搭理他呢。可是，事实真的如此吗？

心理学家曾经针对夫妻间的唠叨进行调查，得出的结果是，在丈夫看来，妻子唠叨和挑剔是最让他无法忍受的；在妻子看来，总是唠叨不停的丈夫也是没办法忍受的。心理学家由此得出结论：唠叨和挑剔能够给一个家庭带来巨大的伤害，这是夫妻双

方大部分缺点都无法达到的"效果"。

在实际生活中，因为日常琐事产生争执的夫妻不在少数，因为一方唠叨而产生矛盾，进而大打出手的案例也并非没有。甚至有许多夫妻因为唠叨而感情破裂，最终走向离婚道路。

可能有人以为，这些夫妻是因为一些无法调和的问题才走到离婚这一步的，但实际上，这些夫妻争执的都是一些鸡毛蒜皮的小事，只要在生活中时刻注意，让自己保持冷静，心胸再豁达一些，这些问题都是可以避免的。

事实证明，唠叨并非大家所认为的那样，是"爱一个人"的表现，相反，唠叨只会让双方产生隔阂，加深两个人的误会，直至摧毁所有的幸福，让夫妻两个人走向极端。一个喜欢唠叨的女人，只要随口说几句话就可以打垮自己的老公，这并不是她的老公心理素质差，对于男人来说，女人的唠叨就是一种酷刑，毕竟没有谁能够在长期"酷刑"下而选择"不投降"的。

人们都说，总是抱怨和唠叨的男人一定是碌碌无为之辈，而总是抱怨和唠叨的女人，也逃不开成为一个不可救药的怨妇的命运。总之，夫妻之间最大的忌讳莫过于唠叨。

唠叨的原因很简单，大多是一方关心一件事，而另一方并没有放在心上。于是，在不断的唠叨中，矛盾会升级为争吵，甚至大打出手，冷静下来后两人还要想尽办法弥补自己犯下的错。与其在感情破裂时想尽办法挽回，为什么不把问题都扼杀在摇篮里呢？

1. 想一想是不是值得

为了避免让唠叨消磨掉你们之间美好的爱情，在想要唠叨之前，先静下心来想一想，这件事情有没有必要反复说？每个人都会有棱角，即便是几十年的婚姻生活，也未必能够完全磨掉这些棱角，这些棱角或许有很多是不讨人喜欢的，但也未必都是不讨人喜欢的。如果总是用挑剔的眼光看待你的丈夫，那么就总能发现不足之处。或许你是想通过自己的努力改掉他的坏习惯，但是平心而论，有谁愿意轻易改变自己？你过分的唠叨只会引起对方的抵触和反感。

2. 换个角度看问题

如果你觉得对方太过幼稚，那么你可以多想一想他的单纯善良；如果你觉得对方容易受骗，那么你可以多想一想他的真诚坦荡；如果你觉得对方没有才艺，那么你可以多想一想他对你的细心呵护。老天是公平的，我们每个人都是有得有失的，每个人的缺点背后其实都藏着一个优点，只要你愿意发现，就能够看到。所以，不要老是忙着抱怨他，试着换个角度看他，或许会发现他身上的很多优点。

3. 态度温和一些

许多抱怨升级为争吵都是因为态度问题，当你对他冷冰冰的时候，他也一定不愿意和你好好说话，当两个人的态度都是冷冰冰的时候，争吵也是在所难免的。所以，遇到问题要时刻保持冷静，把等待解决的问题开诚布公地拿出来说，讨论时态度尽量温和一些，这样也有利于解决问题。

卡耐基在《人性的弱点》中说过："唠叨是爱情的坟墓。"《圣经》中也有一句话："在地狱中，魔鬼为了破坏贞洁的爱情而发明的恶毒办法，唠叨是其中最厉害的一种。它总能成功地破坏爱情，永远不会失败，就像眼镜蛇咬人一样，具有可怕的破坏性，甚至会致人于死地。"

老公不是孙悟空，你也不是唐三藏，不要总以为唠叨可以把老公套牢，这样只能让你自己看起来像个怨妇。

别急着指责，先听听他怎么说

在婚姻中，越是喜欢指责对方的女人，就越容易把婚姻经营得一塌糊涂。

有人说：婚姻是爱情的坟墓。确实，许多已婚人士都会发现，结婚后两个人没有那么多时间浪漫了，有了孩子钱都要留给孩子花，热恋时候的"风花雪月"，在结婚后都变成了乌烟瘴气。上述情况可能已经是大多数女人对于婚姻的共识。

可事实上，有许多女人把婚姻经营得很好，她们就算结婚许多年，但自身状态还是像热恋时一样。究其根本，她们更加懂得婚姻。

如果说感情是为了享受，那么婚姻就是为了忍受。生活中的那些鸡毛蒜皮永远只有自己最清楚，能否成功拿到解决问题的钥匙，打开通往幸福的大门，还要看一个女人的修为。

婚姻是需要两个人共同付出和经营的，只有学会宽容，才能够让两个人的关系越来越密切。一发现问题就急着指责，只会让两个人的距离越来越远，感情也越来越淡。

试想一下，你生日那天老公明明说好了下班直接回家，但是你到家以后却没有看到他，你以为他和同事去喝酒了，瞬间觉得十分低落，同时感觉十分生气，于是给他打电话。他说工作上临时有事需要处理一下，马上就到家。半个多小时后，他果然如约回家，但一进门还没说话，你就劈头盖脸地骂起来，说他居然忘了你的生日。

原本你以为他看到你这个样子会向你道歉，但是他没有。你生气并疑惑地看着他，他默默地伸出了藏在背后的手，左手拿着一束鲜花，右手提着一个你最喜欢的玩偶样式的蛋糕。他把东西递给你后低头说了句"祝你生日快乐"，你还没来得及回答，他就准备向书房走去。走了两步他又回过头来，从衣服的口袋里取出一个精致的小盒子，递给你后说了句"生日礼物"，便在你错愕的目光下走进了书房。

第二天你才知道，他为了帮你过生日，提前请了两个小时的假，就是为了帮你准备生日礼物。那个蛋糕也是他亲手做的，只不过笨手笨脚地才耽误了时间。他兴高采烈地回家，不想一进家门就受到了你的指责。

其实，很多女人都经历过上述故事的桥段，也都多次犯过同样的错误。女人都愿意相信自己的猜疑，一旦自己想象了事情是什么样子的，就笃定事情就是那样。比如，老公回家晚了，就忍不住猜测他是不是和别人在一起，等到老公回家了，便跳过询问环节开始指责他。

习惯指责老公的女人总是感觉婚姻不幸福。其实未必真的是老公不够好，而是女人总是把自己的臆想强加在老公身上，根本不听对方的说辞，认为无论对方怎么说都是在欺骗自己。这样的家庭总是矛盾重重，很容易导致婚姻破裂。因此，女人要克制自己那想要指责老公的心，先冷静地把事情都弄清楚。

1. 行为上

告诉自己不要用语言、肢体动作等行为来表达自己的不满，遇到问题先冷静地了解情况，了解情况后再想对策。如果真的出现问题，指责解决不了问题；如果根本没有问题，而是自己想多了，劈头盖脸的指责只会让夫妻关系疏远。

2. 思想上

有些女人对于老公采取不闻不问的态度，对于对方的所有事情都表现得漠不关心，更别提指责了，可是这样的态度并不意味着她真的不在乎自己的老公。俗话说"积少成多"，许多夫妻之所以反目成仇，就是因为一件件小事没有妥善解决，导致怨念越来越深。不要做这种心里指责老公，但是表面风平浪静的女人，有问题还是应该尽早沟通。女人应该从思想上放下对老公的指责，进而减少行为上的指责。

可能有人觉得可以把女人的指责看作是撒娇，可是就算是不痛不痒的指责，次数多了也会让老公吃不消，对两个人的感情造成伤害。

放下指责，多点夸赞，你会发现生活会变得美好起来。

"都是为他好"也不如让他自己选择

女人总喜欢用"为他好"的名义控制老公,但是许多时候却是在为两个人制造烦恼。

无论你认为自己和老公有多么亲密,都不要轻易帮老公做决定,因为你并不一定能够帮他选择一条正确的道路。除了自己以外,根本没有人能够明白自己最真实的目的和想法。所以,无论别人向你提出了什么问题,你都应该只提供建议,把真正下决定的机会留给对方。

这个道理许多女人都知道,但很少有人能做到。下面这个故事很能说明这个问题。

在某个城市里,有姓李和姓张的两家人,这两家人做了几十年的邻居,关系特别好。有一天,李夫人在别人的推荐下为自己的儿子购买了一份保险,张夫人听说保险的价格很高,害怕李夫人受骗，就劝她退掉保险。

李夫人还记着推销人员说的话，想也没想就拒绝了张夫人的提议。可接下来的几天，张夫人每天都会和李夫人说保险的事情，继续劝说她退掉保险。李夫人的耳根子软，被张夫人说动了，两个人结伴去退了保险。接下来的几个月都相安无事，有一天，李夫人的儿子酒后开车撞上了路边的树，被送到医院后虽然保住了一条命，但是后续的治疗费还要很多。

李夫人家里也不是特别富裕，数额巨大的医药费让他们家负担不起。这个时候李夫人的儿媳妇想到了婆婆曾经提到过保险的事情，就问起了李夫人，李夫人支支吾吾地说保险被自己退掉了。

故事的最后，李家和张家为此大吵一架，李夫人甚至冲到张夫人家要求对方拿钱给儿子看病。张夫人哪里肯做这样的事情，她报警说李夫人敲诈勒索，两家从此成了仇人。

这个案例着实让人感到痛心，原本只是邻居"好心"提醒，最后却成为了罪人。

其实，这样的情况并不少见。很多父母喜欢为孩子打理好一切，从小时候培养什么兴趣爱好，到上大学时选择什么专业，再到毕业后找什么工作，最后到结婚时该找什么对象，恨不得每一步都算计到位，每一步都按照自己的计划进行。

很多女人在的婚姻中，也把自己当成了"父母"。她们控制着老公应该穿什么样的衣服，控制着老公该和什么样的人结交，控制着老公该做什么样的工作……她们认为自己对老公照顾得细致周到，但是老公总是不领情，进而引起家庭矛盾。

每一个女人都渴望拥有幸福的婚姻，但并不是每一个女人都能拥有。每一个感到不幸福的女人总喜欢指责自己的另一半，被指责的人也会进行反驳。于是，两个人开始互相指责对方，希望对方为了自己进行改变。其实，想要幸福，未必需要对方进行改变，不如先从改变自己开始。

许多女人素日十分强势，习惯了为家里大大小小的事情操心，也习惯了决定家里的所有事情。还有一些女人总是担心亲近的人吃亏，所以总是喜欢帮对方做决定，认为自己的决定是经过仔细考量的，是最正确的。可是，每个人都有自己的人生，每个人都有遇到问题需要自己处理的时候，你不可能无时无刻跟着对方，你也不可能为其打理好一切。

能够决定自己想做和不想做的事情，是一个人最起码的自由与权力。没有人喜欢被人指使，就算是婚姻中，被压制的一方也一定不开心。所以尽量少帮自己的老公做决定，要让老公感受到你对他的尊重与认可。更何况，我们永远无法替代自己的老公，更没有办法说自己的决定对于他而言就一定是正确的。

所以，在你的老公面临选择时，如果你担心他吃亏，可以将自己的想法和顾虑如实地告诉他。但是，最终的选择权还是要交给他，这样你既对他表示了关心，也不至于让自己成为帮老公做了不利决定的"罪人"。

女人的幸福不是通过控制自己的老公就能够得到的，想要获得幸福还是要学会约束自己。

生活中没有回头路可走，逝去的日子都不会重来，我们所做的每一个决定都没有反悔的余地。因此，我们每一步路都必须走好，不要轻易地帮老公做决定，不要给他日后埋怨你的机会。

永远不要拿别人和他做比较

没有对比，就没有伤害。

夫妻之间吵架的时候，有些女人经常喜欢冒出来一句："你看×××，人家比你好了不知道多少倍。"

吵过以后，或许我们会很快忘了当时说过的话，但是如果每次吵架都把这句话拿出来说一次，时间久了就会形成习惯，一有什么不愉快就会说出"你看×××如何如何"这样的话。

或许你认为吵架时拿出一个第三方作为比较是很合理的事情，也或许你已经产生了比较的习惯，更或者你认为比较是为了督促自己的老公进步。但这样想就错了，夫妻之间进行沟通，真的不适合拿别人来进行比较。每个人都有缺点，同时也有优点，如果你的老公没有任何优点，你也不会心甘情愿和他在一起。没有谁与谁的结合是因为看中了对方的缺点，都是因为觉得对方有一些优点让自己很欢喜，所以才想要长久在一起。

所以，当我们与自己的老公沟通时，千万不要拿别人和他做对比。拿自己的老公和别人进行比较，不仅有可能会让自己觉得老公"无能"，也会让老公感到十分伤心。事实上，对于一个男人而言，最让他受打击的方式莫过于拿他和别人进行比较。有的女人认为，通过与别的男人进行对比可以刺激老公，女人也总希望通过对比让男人明白自己应该努力。可是女人很少意识到，对方未必能够轻易接受这样的刺激，他有自己的目标与理想，也有自己的长处与优势。女人应该想一想，男人听到妻子说出这番话会有多么伤心。

站在男人的角度来看，一个女人以他人为标准来评判自己的老公和家庭，无异于一种背叛行为。无论女人是否出于善意的心理做出了对比，对于男人而言，他们都不会把这件事情看成是善意的，只会认为女人是在对他表达不满。有的男人自尊心太重，甚至会对女人说出"既然你如此不满意我，为什么不马上离开"的话。

夫妻之间真的不适合总是拿别人进行对比。因为做比较往往是拿一个人的缺点和别人的优点进行对比，这本就是一件很不公平的事情，也没有人愿意接受这种不公平的待遇。

女人总是喜欢做比较，很多时候都是虚荣心在作怪。比如，一对夫妻在路上无意间遇到了妻子许久未见的同学和同学的老公，妻子觉得同学的老公不仅长得高高大大、一表人才，还开着宝马汽车。回身看看自己的老公，身材不够挺拔、容貌也不够清秀，更没有宝马汽车，两相对比，自己的老公自然是败下阵来。

抱着这样的想法，回到家后女人将自己发现的"对比数据"向老公一一说明。最后的结果可想而知，要么是老公对妻子的抱怨不予理睬，女人一边说着一边自己生闷气；要么是老公听到女人的抱怨，忍不住和女人大吵一架。无论是哪种结果，总是会影响夫妻感情。

"为什么你赚的钱这么少？""为什么你不能给我买心爱的包？""为什么你不能给我买大房子？""你什么时候可以出人头地？"这样的话或许问出了女人的心声，却让男人陷入了沉默，让男人认为自己是一个无用的人。至少，会让他认为，在你心里他就是一个无用的人。这些问题简直是摧毁感情的杀手，更是毁掉幸福的导火线。

其实，激励自己的老公要更加努力，我们可以用其他的沟通技巧。要记住，我们的目的是化解矛盾，把别人引出来进行比较是一种火上浇油的行为，这只能激化夫妻之间的矛盾，让问题变得更加糟糕。

拿自己的老公与别人做对比，只能看到自己老公的不足之处，同时艳羡于其他人的优势。被拿来做对比的人越是优秀，就越是容易引起你内心的不平衡，让你内心越是难受。

不想总是拿别人和老公做比较，就多想一想自己老公的好。对于女人而言，不管别的男人多么"风流倜傥"，都抵不上自己老公的一个温暖拥抱；不管别的男人多么有权有势，都抵不过自己老公风雨中的呵护；不管别的男人多么会制造浪漫，都抵不过自己老公准备的家常饭……

老公是用来爱的，不是被拿来比较的，不用总是羡慕别人老公有多好，更不要数落自己的老公没出息。你们是最亲密的人，爱他就要懂得尊重他，即便生气也不能出口伤人，言语造成的伤害，有时候会在心里留下一辈子的伤口。

女人要记住，不要总是拿老公和别的男人对比，身体的伤害或许能够轻易治愈，但精神上的伤害可能伴随一生。

鼓励和支持胜过无数碎碎念

想要激发一个人的潜力,鼓励和支持其实是最好的方式。

许多女人总是羡慕别人,看到别人的老公事业有成、细心温柔,就会抱怨自己的老公不够优秀、对自己不够好。

她们不知道的是,自己对老公的态度决定了老公的未来。

优秀的女人总是时时刻刻夸奖自己的老公。当老公的事业出现不顺心的地方,她们不会一直在老公耳边碎碎念,而是无条件地提供支持;当老公与客户沟通出现问题时,她们不会数落老公不会与人打交道,而是鼓励他慢慢来;当老公帮忙做家务却把事情弄得一团糟时,她们不会不停地数落对方,而是耐心地教他。

有些女人的老公之所以不优秀,就是因为妻子做得不及格。举个例子,一对情侣在结婚之前,男方一直表现得很优秀。虽然男方是二婚,但他很会照顾自己的孩子和父母,不管工作多么辛苦，他都不遗余力地照顾家人，把事情处理得井井有条。

而女方喜欢他，也是看中了男方能够吃苦。女方认为男方是一个不可多得的好男人，所以在他们认识几个月的时候就主动提出了结婚。可是，当她提出要结婚时，男方劝女方要考虑清楚，不要着急做决定，免得以后后悔。女方听到男方的话，更加坚定了要嫁给他的决心。就这样，他们认识了短短几个月就结婚了。婚后，女方以为自己会很幸福，但她万万没想到，自己的婚姻生活会那么不顺利。

结婚后她开始对男方的事情指手画脚。她觉得男方的工资虽然足够养活自己和一大家子，但是以后他们要是有了自己的孩子，需要花钱的地方会很多，这样的工资怕是不足以支撑。因此，她天天在老公面前碎碎念。男方终于不胜其扰，和自己的朋友合伙开了一家饭店。

开店以后，男方每天要把大部分时间投入到工作中，家务没时间去做了，照顾孩子和父母的重担都落在了女方身上。因此，女方不得不辞去工作做起了家庭主妇。

一开始，女方还觉得不用工作，每天接送一下孩子，照顾一下老人，在家做做家务还挺轻松。可是时间一久，女方被家里大大小小的事情搞得身心俱疲。孩子调皮不好教育，又不敢大声训斥，生怕自己这个后妈被人说三道四；家里老人都爱干净，地板上有一点脏东西就要叫她打扫……她突然觉得自己的生活过得太不顺心了，开始后悔自己当初逼老公创业。

　　接下来的日子，她又开始碎碎念，希望老公多陪陪自己。为了让老公早点回家，她经常不停地给他打电话，甚至还跑到饭店找人。在她一而再再而三的无理取闹下，她老公的饭店也倒闭了。两个人为此争吵了很多次，而她还是没有消停，逼着自己的老公赶紧找工作。她老公为了婚姻又一次选择妥协，可是这反而助长了她的嚣张气焰，两个人的争执也越来越多。最后，她到处找人诉苦，哭诉老公没有想象得那么好，甚至扬言要和他离婚。

　　结婚前，男方怎么看都是一个值得托付终身的男人，谁也没想到最后却变成了一个一事无成的人。为什么会这样？究其原因是这个女人的吵闹。

　　丘吉尔说过："如果你想让你的男人有多么优秀，那么就朝着这个方向鼓励他。"这句话告诉我们，男人其实很需要别人的夸奖和鼓励，尤其是自己另一半的夸奖和鼓励。如果只能从自己的另一半那里得到埋怨和指责，那么就算这个男人的能力再强，也会被打击得萎靡不振。

　　每个人都有自卑情结，男人也不例外。所以，不要轻易打击男人的自信心，那些碎碎念就是对他的不认可，这是所有男人都无法接受的一件事情，很可能会让男人丧失对生活的信心。

　　对自己的老公，女人应该保持三个态度，一是相信，二是支持，三是鼓励。每个成功男人的背后都有一个默默奉献的女人，她们带给男人最大的安慰就是鼓励和支持。不过，现在很多女人都不喜欢这种默默奉献的方式，她们总喜欢把一些事情弄得满城风雨。其实，这种行为不仅会伤害夫妻之间的感情，更会伤害男人的自信和自尊心。

婚姻需要用心经营，理解、信任和支持才能留住丈夫的心，才会营造一个和谐的家庭氛围；而唠叨争吵只会引起家人厌烦，甚至使夫妻离心。因此，想让自己的老公变成自己想要的样子，与其不断地碎碎念，不如通过鼓励和支持给他信心，让他有勇气有精力去完成属于你们的梦想。

第七章

入职拼"颜值",晋级拼"言值"

想办法让忠言也能顺耳

让忠言顺耳,是一个职场女性要上的第一课。

忠言几乎没有人愿意听,但却是最有价值的话。

忠言往往能让我们看到自己的缺点和不足,能够督促我们去改变自己,成为一个更加完美的女人,让自己从美好的假象中挣脱出来。

忠言对我们有好处,所有人都无法否认这一点,但是中国自古有一句话,叫"良药苦口利于病,忠言逆耳利于行"。千百年来,这句话一直被当作真理,许多人也一直奉行着这个真理,甚至为了让自己的话不那么逆耳而选择说谎。

自古以来,无数的忠良之士都因为直言进谏而遭罪,轻则被罚、被革职,重则入狱,甚至丢了性命,那些因为直言上谏而被"抄家灭族"的也并非个例。这种现象,更印证了"忠言逆耳"

这四个字。其实，究竟说的是忠言，还是怀揣了恶意，都在于听者怎么理解。

俗话说"说着无心，听者有意"，一句话究竟是好是坏，要看对方是怎么理解的。如果一个人明事理，他就能够明白别人的批评是为了他好，并不是为了讽刺他；而一个不明事理的人，会认为别人的批评是为了让自己丢脸，并不是为了自己好。所以，一句话的好与坏要看听者怎么去评判。

如今的女性不再像古时候一样，养在深闺不能见外人，她们也要进入职场与男子一样进行打拼。职业女性每天要和数不清的人打交道，因此与人沟通的方式与技巧显得非常重要。怎样才能通过比较合适的方式向别人表达自己的想法，尤其是与对方的观点不一致时，这是十分关键的一点。

1. 不要让对方尴尬

忠言之所以逆耳，就是因为它会让对方感到尴尬。就像是长辈教训晚辈，虽然大多数时候晚辈恭恭敬敬地在一旁听着，但内心多半会感到不舒服。归根结底，没有人喜欢一个人摆出一副高高在上的姿态去教训自己。

假如，有两个人和你的意见相左，其中一个人不假思索地将自己的说法当众说出来，顺便还对你的观点进行了一番讽刺；另一个人先是委婉地表达了自己的想法，然后询问了你的意见，同时说明了自己的想法也有待进步，言语中十分客气没有显示丝毫傲慢的态度。

如果是你，你会更加喜欢和哪一个人说话？我想大多数女人都会喜欢和第二个人说话，而十分排斥与第一个人进行交谈。

因为第一个人相对直接的态度，让你的自尊受到了侵犯。没有人愿意承认自己无能，更何况有时候并非真的是自己无能。任何事物从不同的角度看都有不同的结果，可能你和对方恰好站在了两个对立位置而已。第二个人则用自己的方式保住了你的面子，也给了你心理上的缓冲时间，让你能够有足够的时间去接受对方的信息，自然也更容易达成共识。

2. 带入自己

当今社会最不缺的就是竞争，尤其是在职场中。想要在职场站稳脚跟，和同事、上司建立良好的关系，就必须懂得如何说话。那么，怎么才能让忠言听起来不那么刺耳和逆耳呢？接下来我们说一个马云的例子。

2011年马云曾在举办的"第八届网商大会"上进行演讲，其中有一段话是告诉大家要懂得尊重对手的。或许这样的话从别人的口中说出会让人感到不适应，但是马云说的话让人感到特别舒服，并且愿意接受。这段话是这样的：

"学会和对手相处，才是最最厉害的。狮子去吃羊，绝不是因为我恨羊,而是我不得不吃。打败对手绝不是因为自己有多么强大,而是因为对手顽固自封的思想,不愿意完善自己,失去了未来。所以我觉得,只有共赢,只有跟对手一起玩,活得好的才算赢。没有狮子,羚羊们也活不久,所以你不要去恨对手。"

很明显,马云属于第二类人,虽然是规劝别人,但不会让人觉得反感。马云没有采取高高在上、咄咄逼人的气势,而是把自己也带入进去,让自己和他人成为了同样需要进步的人。这样的不同是细微的,却很有成效,让人感觉只是简单的沟通。

所以说,讲话一定要掌握技巧,忠言也要用顺耳的方式说。马云平时对于各种事件的批评都是十分犀利的,经常能够一针见血地指出问题,但还是有很多人喜欢他的演讲,喜欢和他结交,可能就是因为他虽然是在批评别人,但总会让人感受到平等对待。

忠言逆耳并非当今社会的真理,在尊重他人的前提下,适当地表达也能够把忠言变得顺耳。

第七章 入职拼"颜值",晋级拼"言值"

不要积极帮助老板做决定

献策的关键是"献"字,"献"不好,"策"可能也就无人问津了。

在和老板相处的时候,说话的艺术极其重要。会说话的女人很多,但是能够把话说好,说到对方心坎里,并不是一件容易的事情。老板作为一个企业的最高决策者,对于企业中的所有事情都有绝对的大权,怎么正确把握和老板对话的分寸,是所有身在职场的女人十分关心的一点。

想要让老板觉得自己是个可靠的、值得信赖的女人,甚至让老板觉得离开你,企业就无法运营下去,你就必须明白企业的特点,找准自己的定位。和老板沟通最大的忌讳就是替老板做决定。即便老板提出要你去解决一些问题,也要在老板的授意下,根据工作习惯和实际情况进行处理。

为了方便理解，接下来我们通过一个简单的例子来说明这点。

一个女人进入一家企业任职，由于她工作能力强，为人积极向上，在短短几年内就成了部门的得力干将，部门的同事也认为她是最有希望晋升的员工，甚至连部门主管也认为她就是接替自己职位的最佳人选。

没想到，这个女人居然在即将晋升的时候在工作中出现了纰漏。有一天，部门主管临时有事，便把向老板汇报工作的机会交给了她。虽然她之前和主管一起向老板汇报过工作，而且许多方案都是她自己策划的，可是这是她第一次独自向老板汇报工作，于是她既紧张又兴奋。

为了让自己表现得完美一些，她特意提前半个小时把自己的策划案又看了一遍，确保没有问题后才走进会议室。在会议室她侃侃而谈，几乎把策划案的每一个细节都解释了一遍，也认真回答了老板提出的问题。最后，她对老板说了一句："我决定用B方案。"

说完，她微笑着看向老板，以为老板会夸奖自己，但是老板并没有，而是对她说："我觉得C方案更好，要不还是执行C方案吧！"老板的决定让她忍不住在心里吐槽，但嘴上还是说"好的"。

从会议室出来后，她自言自语："真是奇怪，明明B方案更好。"

通过这个故事，我们可以看到这个女人犯了一个职场大忌，那就是帮老板做决定。"我决定用B方案"这句话在老板看来，或多或少有一些自作主张的意味。当然了，这也不算是真的自作主张，否则就省去汇报的环节了。她的问题出在没有把握好说话的方式，让老板误认为她想要自作主张。

如果汇报完以后，她说的是："老板，您看，这是我列出的几个方案，都是有利有弊的，我个人认为B方案更加符合我们的要求，但我怕自己资历尚浅，认识不够深刻，所以这个决定还得您做。"相信她的老板听到这样的话会给出另一种结果。

因此，我们在与老板沟通时，一定要注意以下几点：

1. 了解老板的风格

归根结底，员工的所有工作都是围绕企业管理者开展的，所以在工作过程中必须对自己的老板有一定了解，比如老板是不是喜欢说话直白的人，再比如老板讨厌哪些事情被人私自做决定。只有了解了老板工作的风格、方式和偏好，以及他的人际关系等，才能更好地帮助老板解决问题。想要和老板构建良好的沟通关系，必须要时刻保持对老板的敬意。

2. 慢慢渗透、循序渐进

与老板说话不可莽撞，就算你已经有了决定，也不要直接说出口，而要通过慢慢渗透、循序渐进的方式告诉他，或者是引导他选择你认为好的方案。注意避免和老板起正面冲突，更要避免抢了老板的风头。

3. 不要和老板争执

就算老板不肯接受你的建议，也一定要保持冷静，不可以太过急躁。你可以询问老板的意见，了解老板究竟认为哪一方面不够完善，并及时改进方案，切不可去做一些不容辩驳的决定，更不要为之争论。因为这时候的决定，对于老板来说可能已经无关乎你的对与错了，而是关乎他的面子问题，因此这个时候一定要给足老板面子，不要让老板感到难堪，否则倒霉的还是自己。无论老板的能力是否出众，尊重都是要有的，不要擅自行动和做决定。

总之，在与老板沟通或者讨论问题时，需要注意，老板才是最终拍板的人，任何事情都要他最终做决定。

功劳理应是大家的，别急着出风头

木秀于林，风必摧之；行高于人，众必非之。

工作不是唱独角戏，也别总想唱主角，职场当中不要老想着出风头。著名的心理专家米切尔博士曾说过："人们总习惯在人前显露自己的精明和风光，他们从未意识到，这样会给他人带来什么样的感觉，也从未觉得这样做有何不妥。"

确实，我们总希望自己能够成为人们心中的"核心人物"，甚至希望能够成为万众瞩目的女神。生活中，职场中，我们都有这样的愿景。

但是，在职场中一直抱着这样的念头，就会忽视旁人的感受。职场中的许多女人总是喜欢争强好胜，时时刻刻都希望自己能够在一众员工中脱颖而出，从而被领导赏识，被同事羡慕。

这种"鹤立鸡群"的想法是职场中每个女人都有的，可一旦我们被这种想法控制，那么我们的言行都会与自己的初心有所偏差。我们除了想要展现自己的才能之外，还会对其他的事情都毫不关心，甚至用各种小动作去打压别人、排挤别人。可是，这样做的女人真的会成为那个万众瞩目的女神吗？不能，一旦事情败露，她会引起他人的反感，最后落得众叛亲离的下场，让自己的工作之路越来越难走。

我们先来看看司马懿的故事，或许通过这个故事可以明白职场上的一些道理。

曹操第一次请司马懿出山时，他十分果断地拒绝了，此后对外声称自己生病，这一"病"就是足足七年。其实司马懿也想引起曹操的注意，但是曹操手下谋士众多，其中不乏资质出众之人，他们都是司马懿所不及的。此时的司马懿，就算站在了曹操的阵营里，也会变成无足轻重的一个，过不了多久就会被曹操忘记。这自然不是司马懿想要的，所以他选择称病躲避，虽然走了弯路，却厚积薄发让自己得到了更加有利的资源。

有句古话说："善忍者，藏于九天之下，当动于九天之上。"可能对于许多人来说，七年真的太过漫长。按照常人的心性，别说是七年了，只怕七个月，甚至七天都不愿意等，可是司马懿等了，因为他从一开始就给自己规划了定位——既然选择出仕，那就必定给自己寻一个让"老板"能够看到自己的位置。

司马懿忍到了风平浪静，也忍出了海阔天空。晚年的司马懿已经到了功高盖主的地步，曹操的后人曹爽为此一心想要除掉他。司马懿明白，自己是时候离开朝堂了，隐退不仅是为了养老，更是为了躲避无妄之灾。虽然隐退便意味着抛弃精心培养了数十年的势力，但司马懿没有犹豫就选择了隐退。

这个故事告诉我们两个道理，一是不要太过张扬，要懂得韬光养晦；二是不要总想着把所有的功劳都揽到自己身上，尤其是那些本就不属于自己的功劳。

懂得不抢风头，才是职场中的明智之举。那些每天算计别人，想着大出风头，甚至将自己置于风口浪尖的职场女性，日子未必就过得舒服。要想避免抢风头的负面影响，可以从以下几个方面入手。

1. 不产生念头

团队取得了成绩，要把成绩归到每一个成员身上，不要总想着功劳都是自己的，错误都是别人的。另外，在表达自己的观点时，也要注意他人的感受，不要制造严肃或者尴尬的场景。

2. 懂得适可而止

有才能是一件很好的事情，但是我们并不需要随时把它拿出来和别人比个高下。展现才能也要适当，锋芒太露的女人很有可能会成为职场中众人攻击的目标。就算你解决了一件别人觉得很棘手的事情，那也不要表现得十分骄傲，因为任何时候通过贬低别人来抬高自己都是不可取的。

3.给别人话语权

莎士比亚说过："对于他人的话，你要善意听之，因为你将得到五倍的聪明。"聆听同事的意见，能够增进同事之间的情谊。不论对方的建议是否正确，你都应该本着"有则改之，无则加勉"的心态对待。

职场中最大的智慧就是有亲和力，无论是什么性格的同事，你都要尝试接纳。不抢风头是工作的底线，唯有如此，才能缔造融洽的工作环境。

三言两语化解与上司的矛盾

有人的地方就有矛盾,关键在你怎么化解。

在职场中,与上司产生矛盾是每个女人都可能遇到的事情。一旦与上司产生矛盾,身为下属的你如果无法用合适的方式处理,就会加深和上司之间的误会,让自己陷入泥潭,甚至让自己失业。

大部分矛盾都是因为意见不合产生的,想要解决与上司的矛盾,就需要知道为什么会产生矛盾;想要与上司的意见统一,自然也要明白你为什么会与上司意见不合。其实,和领导意见相左的原因通常有以下几类。

1. 经验不够

能够成为领导的人,都不是"普通"人,他们一定有其过人之处。因此，对方的思维方式可能与你不同，所做的决定也可能与你不同，我们自然也无法理解上司如此安排任务的原因。

2. 信息不对等

上司在安排任务时，通常不会交代前因后果，所以很多任务交代下来，会让人觉得摸不着头脑，甚至觉得不够合理。其实，可能是上司已经接收到了更高领导的指令，并且没有必要向你进行说明。

3. 错误安排

这种现象一般不常见。能成为领导的人，能力一定不会太差，所以在安排任务时很少出错。

以上三点就是与上司出现意见分歧的主要原因。总体来看，上司就算与你存在分歧，但其决策通常是正确的，所以按照上司的要求执行未尝不可。那么，一时冲动和上司发生了矛盾，我们又应该怎么处理呢？

1. 冷静思考

常言道"冤家宜解不宜结"，无论遇到什么问题，总是会有解决方法的，所以就算我们一时冲动与上司产生了矛盾，也要让自己冷静下来，尽快思索解决方法。过多的争论对于你或者上司而言都是无关紧要的,因为争论并不能让你们得出一个结论,反而会激化你们的矛盾。所以,这个时候你不妨先冷静下来再进行详细的沟通,千万不要以为上司是借着自己的权利欺负你,除非你做好了离职的准备。

2. 变换角度

我们的想法都是站在个人的角度上产生的基本上不会有人站在别人的角度看待问题,所以两个人意见产生分歧很正常。同理,我们不是上司,没办法理解他的想法很正常。但当你和上司产生矛盾时,不要笃定就是领导的错误,先试着弄清楚领导的想法。可以问一问自己,假如我是领导,我会怎么想?我为什么会做这个决定?我的期望是什么?

你若把这个问题想明白,或许就可以明白上司的考量了,矛盾也就迎刃而解了。

3. 冷却处理

当你和上司产生矛盾后,如果这个矛盾不算太大,那你可以选择既不计较,也不做任何为自己争辩的行为,更不去和别的同事说当时的情形,而是把这件事情先放一边,正常地进行自己的工作,需要汇报和请示的事情也都一一照做。这是一种不揭旧伤疤的行为,随着时间的流逝,这件事情最终会归于平淡,它的影响也就消失不见了。

4. 自我检讨

和上司产生矛盾,有时候错误确实是在自己身上,这个时候可以主动找上司承认错误,并真诚地道歉。如果错误是在上司身上,只要不是原则性问题,那也可以将过错揽到自己身上,主动和上司达成和解,从而化干戈为玉帛。

5. 寻找时机

寻找机会指的就是选择一个恰当的时机,通过自己的努力去化解矛盾。可以选择上司比较开心的时候进行(比如通过道贺来表明自己的态度),让上司感觉到你想要和解的意愿。笑脸相迎且是上门恭喜自己的人,上司多半是不会拒绝的。

综上所述,职场新人听从上司安排能够少走弯路,已经在职场中站稳脚跟的女人要根据自己的经验去判断上司的对与错,有意见可以用委婉的方式提出来。总之,这都是建立在上司通情达理、心胸宽厚的基础上的。假如你面对的是一个心胸狭隘、蛮横霸道的上司,那还是不要有什么留恋了。

做不到出口成章，就该隐藏锋芒

病从口入，祸从口出。

即便是身在职场许多年的女人，也未必都能够做到出口成章，既然如此，那就应该隐藏锋芒。

在职场中说错话，有时候比做错了一件事情更加可怕。人们常说，说出去的话就像泼出去的水，正所谓"覆水难收"，就是这个道理。所以很多职场女性一定会发现，有时候一句不经意的话，很可能得罪了一众同事。

也许你没有关注自己说的话，也许你从来不在意自己说的话，但是未必你身边的人也不在意。说话在职场中是一门很重要的学问，在职场若不注意自己的言辞，很可能会影响自己的职业发展。

1. 这不是我的工作

一项工作指令对你而言可能无关紧要，但是它对另一个人而言可能至关重要，不然这项工作指令也不会被提出来。在一个团队中应该具有奉献精神，不仅要关心自己的成败，也要关注别人的成败，以及整个团队的兴衰荣辱。假如你有事求助别人，比如让对方帮你带一份饭，或者是拿一份快递，对方却告诉你这不是他的工作，你一定也会觉得很生气。

2. 这公司，我真是受够了

毁掉一个女人职业生涯的事情有很多，背地里"泼妇骂街"一样的言辞绝对是致命的一种，因为这只会让老板觉得你是一个不成熟的女人，并且对公司有诸多不满。如果不满公司，可以通过正确的渠道发泄，比如辞职。

3. 我不会

有过工作经验的女人都明白，面试时只能确定大致的工作范围，可能到了真正开始上班时才能发现许多工作自己从来没有接触过。这个时候你直接告诉上司"我不会"，只会让上司觉得你是一个"无用"的人。正确的做法是告诉上司你没有接触过，但是正在学，让上司知道你在努力进步。

4. 我早就知道会这样

出现问题后第一时间想到的不是尽力止损,而是"马后炮"地说出自己的"先见之明",这样不仅不会让同事和老板觉得你是有远见,还会让他们觉得你喜欢幸灾乐祸。此时应该做的是帮助企业止损,如果能力不够,那就不要说话了。

5. 我没有时间

上司认为自己安排下来的工作并没有多少,但是你总是说自己没有时间,时间久了上司就会以为你是故意怠工。与其告诉上司自己没时间,不如把自己的工作内容和工作计划发给上司,让他了解你每天的工作内容和工作量,这样上司就会自己来评判你有没有时间,而不是根据你嘴上说的五个字来判断。

6. 我不会加班的

工作后加班不算什么大事,但是当你已经完成了一天的工作后,上司还要留你加班,这时你若直接对他说"我不会加班的",结果往往是既要加班,又会给上司留下坏印象。其实,这个时候你不如告诉上司你的工作已经做完了,询问下为什么要加班,是不是非要加班不可。这样说有两种可能:一是上司听到你说工作完成了,就会放你回家;二是上司说有临时交代的任务,让你不得不加班。这样就算你一定要加班,也能够在上司心中留下一个好印象。

7. 你上个月工资多少

同事之间有时候很喜欢相互讨论工资情况，尤其是女同事之间。如果发现其他同事工资不如你，你虽然会感到窃喜，但其他同事会觉得不开心；如果发现其他同事工资比你高，你势必会感到不开心，但其他同事可能在窃喜。无论是哪种结果，都不利于同事的团结和企业发展，因此对于企业而言，员工的工资都属于机密。而且，对于个人而言，工资也是隐私，于公于私都不应该讨论别人的工资问题。

在职场中，学会管好自己的嘴巴是很重要的事情，能够管住自己嘴巴的女人，不会被风言风语所吸引，能够安心完成自己的工作；能够管住自己嘴巴的女人，不会理会外界的纷纷扰扰，只会专心提升自己的能力。可以说，能否管好自己的嘴巴，影响着我们职业生涯的长远发展。

那些能管住自己嘴巴的女人能够获得升职加薪的机会。而那些管不住自己嘴巴的人，会陷入公司的各种斗争中，让自己无法安心工作，更不要说提升自己了。

第八章

学会拒绝,别用软肋换眼泪

第八章

学会会议、识别文字和期日

不要强迫自己，不喜欢的请大声说"NO"

我们是为自己而活，不是为了满足别人的期待，更不是为了取悦别人而活。

很多女人都为这样的事情而烦恼：内心明明不想去做某件事，可是当别人请求自己时又不忍心拒绝，于是只好强迫自己去做这件事；内心明明很不想取悦某个人，可是某种情况下又不得不逼迫自己去取悦这个人。做了违背自己内心的事情，当然会满心懊恼。实际上，这种强迫自己取悦别人的行为并不是人际关系方面出了问题，而是一个女人内心的问题。

为什么人们总是喜欢强迫自己来取悦他人？

这个还要从我们的成长经历说起。通常情况下，儿童总是会不由自主地取悦父母和长辈，以此来获得对方的肯定、赞许，以及一些物质上的奖励。适当的肯定和赞许势必有利于孩子心理的健康发展，让孩子变成一个有自信、积极向上的人。但是一旦孩子由于父母的原因，开始过度追求肯定和赞许，就会影响心理发育，在内心形成取悦他人的习惯。

父母的偏执会让孩子形成不正确的价值观，孩子长大后必然也会遵从这样的价值观。只要一件事情让他感到愉悦，他就会持续去做这件事情，继而能够持续享受这种愉悦。总是取悦别人的女人，之所以会有这样的举动，也是因为她们认为取悦别人是一件很愉悦的事情。再者，她们渴望得到别人的肯定与赞许，而通过取悦别人能够获得所渴望的肯定与赞许。

实际上，喜欢取悦他人的女人，对于人际关系的认识是不正确的。她们觉得，别人的需求比自己的重要，不管出于什么原因，都不能让别人感到失望；自己应该永远保持和善的态度，时刻注意着他人的情绪与感受，绝对不能因为自己的问题而让别人感到不适……

大部分取悦别人的女人，都是把自己放在了末位，对自己的关心不够，总认为别人的事情应该放在最前面，否则就是自私，而自私的人是不会得到别人的尊重和关爱的。在这样的认知下，喜欢取悦别人的女人不断付出，希望依靠自己的努力得到别人的认可并得到外界的关怀。

在这个人人平等的年代，我们本不需要把自己放在不对等的地位，让自己的生活变成别人的添加剂。并不是所有不肯取悦别人的女人都是自私的，做事以自我为中心也不是错误的选择，自私和关注自我并没有本质上的联系。

那么，我们应该怎么改变这种喜欢取悦他人的性格呢？我觉得不妨从以下几点入手。

1. 不在错误的人身上浪费时间

人生短短几十年，中间会遇到无数人，但并不是每一个人都值得我们去深入交流和认识，那些让自己感到不快和不适的人完全没必要与其纠缠。一个真心待你的人，并不需要你刻意做些什么，对方也会自然而然地给予你肯定和鼓励。而那些并非真心待你的人，只会低估你的实力与价值，和你认识的目的就是为了从你身上蹭点好处。所以，我们不要把时间浪费在不值得的人身上。

2. 不欺骗自己

喜欢取悦别人的女人要打开自己的心结，就需要从心理上开始转变。比如每天对自己说"我和别人一样重要"，让自己意识到并不是别人的事情就比自己的事情重要，自己的欲望和需求也很重要。不要对自己说谎，如果对方提出的问题是你不能接受或者不想接受的，就大生说"NO"，而不是唯唯诺诺地说"好"。

3. 不要迷失自己

世界上最悲惨的事情，莫过于因为对别人过分关注而把自己弄丢了，忘记了自己究竟是谁，也忘掉了自己与别人的不同。我们帮助别人是没有错的，但这并不意味着帮助人就可以不爱护自己。相反，我们帮助别人的前提就是先爱护自己。

有的女人认为好人不会拒绝别人的要求，甚至有的女人觉得说"不"会让自己充满罪恶感，就好像是自己害了别人一样。其实仔细想想，当别人的要求侵害了我们自己的权利时，我们为什么不能说"不"呢？在恰当的时刻对恰当的人说出"不"，并非是一件坏事，更不会影响你在别人眼中的价值和形象。相反，这只会使你在别人眼中更具价值，让你的形象更高大。

如果一个人被迫去做一件事，就会感觉整个世界都失去了光彩。所以，永远不要强迫别人去做事，更不要强迫自己，遇到不喜欢的事情，请勇敢说"NO"。

追求者死缠烂打？"杀伤性武器"让他知难而退

尽管女人渴望被关注，但是被追求者死缠烂打可不是一件令人愉悦的事情。

在传统的思想里，女人是娇羞的一个群体，在爱情里她们不能表现得太过主动，即便是喜欢一个人也要等着对方自己发现。正是因为这样被动的思想，才有了"好女怕缠郎"的说法。

但是，随着社会不断发展，人们的思想已与以前大不相同，我们不能用古时候的眼光去看待现代人，尤其是现代的女人。

很多男人忽略了一个道理，那就是"好女怕缠郎"的基础是什么？没错，基础便是建立在女方对男方也存在好感。如果女方对男方没有好感，那么男方的一味纠缠，只会被视为骚扰。

男人对女人死缠烂打的方式可谓花样百出，常见的有以下几种。

1. 持续不间断发消息

在确定恋爱关系之前，双方一般会通过发短信、打电话等方式作为了解，这个时候双方无论聊到多晚都不觉得对方烦。可一旦有了实质性的接触，女方发现男方并不合适自己，于是拒绝了对方的交往请求，男方如果还继续发消息就会让女方感到自己被骚扰了。

2. 接近对方的朋友

许多男人被拒绝后都不会轻易放弃，为了能够捕获女方的心，他们会采用迂回战术，先接近女方身边的朋友。这样做的结果有两个，一是女方的朋友通过接触认为男方还不错，于是将男方介绍给女方，并且时不时说些男方的好话；二是女方的朋友通过接触认为男方并不够好，找女方抱怨。

3. 任打任骂不肯走

有的男人将"求爱不怕被羞辱"当作爱情的真谛。为了捍卫爱情，为了追到女方，他们不惜放弃自己的尊严，即便女方每一次见到自己都是冷嘲热讽，甚至一番打骂，他还是愿意主动贴上去，并且认为自己会抱得美人归。

4. 在家门口或单位门口围追堵截

男人被喜欢的女人拒绝后，会想尽办法与女人取得联系，但女人未必会接收这些信息。所以很多男人会选择最原始、最直接的方法——在女方的家门口或单位门口等。总之，他会在女方必经之路上等待，目的就是为了见女方一面。

5. 不停地送礼物

女人都喜欢礼物，有些男人深知这一点，所以他们被心仪的女人拒绝后，会不断地送礼物给对方。但这种方式仅适用于女方对男方也有好感的情况，假如女方对男方并没有好感，甚至充满厌恶，那么送礼物也只会让女方更加心烦。

其实，喜欢就是喜欢，不喜欢就是不喜欢，一个女人不够喜欢一个男人，那么无论这个男人怎么"缠"，都不会得到女人的青睐，纠缠得太过分，反而会引起女方更多的厌恶。作为新时代的女性，面对死缠烂打的追求者，我们应该直接说出自己的想法。

勇敢表达自己的立场，不拖累别人、不委屈自己，这才是新时代的好女人。不过，拒绝对方时还是要注意以下几点：

1. 措辞得当

就算不喜欢对方，拒绝对方时也要考虑到对方的自尊心和面子问题，不要让对方感觉受到了你的侮辱，引起不必要的误会。

2. 坚定立场

面对不喜欢的追求者，一定要将自己的想法直接明了地告诉对方，切记不可优柔寡断，更不要想着走一步看一步，这样是一种对双方都不负责任的做法。

3. 不要贪心

有些女人觉得自己并没有男朋友，于是就心安理得地接受别人的好，其实这样会让对方误会，引起不必要的麻烦，最后导致害人又害己。因此，一定不要贪求别人对自己的照顾。

其实，遇到自己不喜欢的追求者很正常，遇到死缠烂打的人也不算稀奇，只是在处理这类感情问题的过程中一定要冷静。即便遇到不得不和对方相处的时刻，也要保持客气和礼貌，但不能让对方感到你有一丝一毫想与他深入交往的念头。通过刻意的疏离让他明白强扭的瓜不甜，让其知难而退，千万不要因为不喜欢对方，就对他百般羞辱，更不要用言语和行为去刺激他，以免对方因为刺激而做出过激的行为。

第八章 学会拒绝，别用软肋换眼泪

不合理的请求？抱歉，我没时间

人生在世，遇到的不合理请求就像雪花一样多，如何拒绝是门技术活。

生活中，无论是同事之间，还是亲戚、朋友、邻居之间，互有所求在所难免。如果你天生就喜欢帮助别人，或者不知道应该如何拒绝别人，那么时间长了，你可能会陷入繁忙带来的痛苦之中。

例如，同事请求你帮忙接杯水或者收一下快递，你帮帮忙也不算什么，但如果是关于工作上的事情，那就要好好考虑一下了。

有些女人丝毫不懂得拒绝同事的不合理请求，即便放弃自己的工作时间，即便自己完不成工作也要按时完成对方的嘱托。这类女人就是"老好人"，她们不具备拒绝他人要求的能力，虽然心中想要拒绝对方，但又怕拒绝对方会影响两人的关系，而且认为帮助同事完成工作是体现自己价值的一种方式，所以她们便硬着头皮接下了这个"任务"。

可是这样的做法无疑是有百害而无一利的。先不说帮同事完成工作是否符合公司的要求，仅站在自己的角度来看，这也是费力不讨好的事情。帮同事工作必然得加班，工作完成后，做得好，功劳都是同事的；做得不好，同事反倒还会怪你。而且，帮助同事完成工作未必能够体现自己的价值，因为人的精力总是有限的。在职场上，能够体现自己价值的最好方式就是好好完成自己的本职工作。

所以说，面对同事提出的不合理请求，该拒绝时一定要拒绝，否则就是给自己接下了一大个烫手山芋。但是，同事之间需要朝夕相见，直接拒绝难免会觉得面子上过不去，例如有的女人会直接和对方说"不行，我没时间"，有的女人会和对方说"我觉得我做不了，我看另一个人更适合"，还有的女人会和对方说"我手头还有别的事情，抽不开身"，这些都是常见的拒绝方式，但似乎都不是最佳的答案，很有可能恶化与对方的关系。

那么，我们应该怎么做才能在不得罪他人的前提下，拒绝他人提出的不合理请求呢？最好既能拒绝他人的请求，同时不妨碍他人的面子、不拉其他人入水、不影响以后相处。因此，我们要

注意以下几点:

1. 听完对方的话再做决定

其实,别人向你提出帮忙的请求时,内心也是十分忐忑的。他不知道你是否会马上拒绝,更不知道你以后会用什么样的态度对待他。不等对方把话说完就打断并拒绝其请求显然是不礼貌的,也会让对方原本的忐忑变为尴尬,甚至是愤怒。所以我们要听完对方的话,本着能帮就帮的原则为对方提供帮助。如果实在没有能力去帮助他人,就明确告诉对方,不要让对方抱有不切实际的希望。

在职场上,同事请求你帮助不仅会担心你拒绝,还要担心你是不是会向上司告状。我们直接拒绝肯定会影响以后相处,打小报告等行为也都不利于你在公司的形象。所以,在你决定拒绝对方之前,应该听对方把话说完,至少要明白对方的处境与需要。

等对方把来龙去脉说清楚后,你可以根据情况处理。如果是关乎公司的生死存亡,或者对公司影响比较大的工作,而你恰好有空闲时间,那就要本着以大局为重的原则,能做多少就做多少;如果是对方自己故意偷懒没有好好工作或者其他情况,你就要向他表示你明白他的难处,进而表示自己无能为力。

听对方把话说完的好处是让对方感到被尊重,你了解情况后表达自己的立场时，也能够避免伤害对方，或者避免给人造成你在敷衍的感觉。这样做的另一个好处是，虽然你并没有帮助他工作，但你可以根据他的情况，提出自己的建议。如果你的建议对他而言有效，对方自然也会感激万分。

2．态度要好

拒绝别人的请求时要保持良好的态度，不可表现得太过高傲，不要让对方感到自己被人看不起。语气也要适当地柔和一些，不要咄咄逼人，更不要大喊大叫，在委婉表达自己无法提供帮助的同时，也可以给对方加油打气。

拒绝别人时态度之所以重要，是因为好的态度会让对方感受到你是针对这件事情，而非针对其个人。虽然委婉地拒绝也可能让对方感到不快，但温和的态度会让对方认为你并不是讨厌他，而且你希望这件事不影响你们今后的关系。

3．说明情况

拒绝他人的请求需要一个理由，这个时候没有必要胡编乱造，直接说明自己的情况就好。比如，同事提出的请求是有悖于公司规定的，你可以将自己的工作权限委婉地告诉对方，让对方明白一旦你答应了他的请求，就超出了自己的工作范围，这是违反公司规定的行为。

第八章 学会拒绝，别用软肋换眼泪

总之，拒绝他人不合理的请求，极其考验你的说话技巧。不过，你的拒绝是在敷衍了事，还是真的力不从心，你说话的神态会清楚地告知对方。

我也没钱,要不你借我点?

世界需要温暖,朋友需要互相帮助。

这句话没有错,但是在当今社会,有一件事可以轻易瓦解两个人的友谊。这件事是什么呢?

说起来这件事也是朋友间的互相帮助,但就是一些心术不正的人把这件事弄得"变了味",让人们对这件事唯恐避之不及。说来说去,这件事到底是什么呢?其实它就是借钱!

关于借钱,通常会产生以下几种结果:

1. 只字不提

有些人借了钱就开口不提还钱的事情,明明不是没有钱的人,甚至吃喝穿戴都比自己的债主要好,但每次债主催问何时还钱,他都会躲避这个话题。

2. 逃避不还

有些人借钱之前便已约定好还款日期，但是到了约定的时间却迟迟见不到人，任何联系方式都找不到他，就像人间蒸发了一样。

3. 绝不认账

有些人借的钱不多，十几块、几十块，说好了过几天还，到了日子去找他要，他却装傻说自己没有借过，反正没有欠条，最后"死无对证"。

4. 无力偿还

有些人借钱做生意，但是生意赔了，或者是借钱赌博、看病……这些情况下很可能是真的不具备还钱的能力了。

5. 按时还款

有些人借钱说好了什么时候还就一定信守承诺即时还钱，手头有钱了还会提前还钱，不过这类人已经不多见了。

有人说，借钱是最能考验两个人友谊的行为。这是因为现在不仅有很多人骗钱，还有很多人借钱不还，甚至因此反目成仇。有的人为了帮自己的朋友，把买房的钱、买车的钱，甚至看病的钱都拿了出来，但是却得到对方拒绝还钱的结果，自然是十分伤心。

把自己辛辛苦苦积攒的钱借给朋友，没想到对方却拒不归还，试问这样的经历怎能不让人心寒？我想，一次这样的经历就会让她不再信任别人，让她不愿与别人有金钱上的来往，甚至以后她都不会再借钱给别人。

在生活中，我们免不了遇到亲戚朋友找自己借钱的情况，对方开口找我们借钱，无异于给我们抛来一道难题。可是我们不能因为害怕对方不还钱就直接拒绝，毕竟有些人借钱真的是有急用。那么，如果有人找我们借钱，我们应该怎么做才好呢？

1. 弄清原因

如果对方是一个出了名的"老赖"，那么直接拒绝也好，采取无视举措也好，都无所谓。如果对方和你关系不错，而且平时人品有保障，那么就先听对方把原因说清楚，再根据对方说明的情况决定是否要借钱给对方。

2. 对方可信任

有些人借钱是找自己的好朋友，有些人则是广撒网。广撒网的人显然没有还钱的打算，所以最好不要借钱给对方。如果你抱着送给对方的心态，那么也可以把钱给对方。

3. 救急不救贫

俗话说："天有不测风云，人有旦夕祸福。"谁都不能保证一辈子平安顺遂，家里难免有急需用钱的时候，所以当对方因为突发情况找到你时，可以量力而行地借给对方一些钱。如果对方只是因为条件不好，想要改善生活而找你借钱，那么就要慎重了。如果你手头比较宽裕，那可以送一些钱给对方，但是送出去的钱就不要想着对方还回来了。

遇到并不想把钱借出去的人，我们应该怎么说才能巧妙地拒绝对方，同时又不伤害两人的感情呢？

1. 坦诚相待

大家都是普通人，未必朋友来借钱的时候自己手上就正好有多余的资金，你可以把自己的经济状况坦诚地告诉对方。如果真的没有能力借钱给对方，你就把话跟对方说清楚。

2. 出其不意

有些人找你借钱之前可能已经欠了很多人的钱，那么你一定会对这件事略有耳闻，所以当对方找上你的时候，可先发制人将自己的经济状况说出口，相信对方听后就不好意思提借钱的事情了。如果你的条件属于还不错的，那么就试试其他方法，比如转移话题、拖延答复等。

3. 转换话题

如果无法正面拒绝，那你可以选择迂回战术，将话题转移到另一个方向。比如告诉对方你也要收账，如果对方可以将你的钱收回来就可以借给对方。

4. 拖延答复

已经答应了的事情，一直拖着是不好的行为，而这里说的拖延答复是一种策略。这种策略是指对方提出借钱后，先不要应下来，也不要急着拒绝，可以告诉对方自己需要考虑。拖一段时间，对方就会明白你的意思了。

总之，想要借钱的人，有无数的理由，拒绝别人借钱的请求也有无数应对策略，但拒绝别人需要遵循一个原则——不要让对方感到不舒服和尴尬。

好意我心领了,但我真的不能接受

他人的好意总是让我们心存感激,但是有些好意是我们不能接受的。

并不是所有好意都能被人接受,拒绝好意是一件很为难,但有时候又不得不做的事情。

我们每个人对事情有不同的处理方式,对于世界的认知也是不同的,所以有些人感到别人处于困难的阶段,就会出于好意施予援手。大部分人对于别人的无私帮助会选择欣然接受,并对向自己提供帮助的人充满感激,但是有很多人会选择拒绝别人的好意。

这些人之所以选择拒绝,大多是因为以下几点原因:

1. 突如其来的好意

这世界上总有热心肠的人,他们喜欢给陌生人提供帮助,但是也有不少人给陌生人提供帮助却遭到了对方的拒绝。对方之所以拒绝陌生人的好意,是因为他们觉得这样的好意来得太莫名其妙,让自己无法适应。

如果平时人品很差的一个人突然对你表现出好意,那你肯定不会觉得温暖,反而会觉得脊背发凉,因为在你看来,这种人品不好的人不会无缘无故帮助别人,你会觉得对方一定是另有所图。戴着有色眼镜看人确实不好,但是一个坏人突然变成好人,大概是很多人都无法接受的。

2. 不愿意麻烦他人

有些人拒绝别人的好意,是因为不想给别人添麻烦,也不想欠人情。很多人觉得自己身边发生了许多糟糕的事情,所以不想把麻烦带给大家,于是他们便会选择拒绝对方的好意。食物、金钱,这些都是可以还的,但是人情这种东西没有办法偿还,所以有些人不愿意因为接受别人的好意而欠人情。

3. 自己可以解决问题

一个人如果可以自己解决问题,就会拒绝别人的好意,这就是"不需要别人的好意"。通常情况,这样的人性格比较独立,遇到问题自己解决。而且他们遇到问题时需要的是别人的安慰，并不需要别人的帮助，所以当一个人只是需要安慰的时候，别人提供的其他帮助就会被拒绝。

4. 好意没有用对地方

有句话叫"好心办坏事"，有些人认为自己是帮助别人，但站在对方的角度未必如此。就好像一个原本正在等人的老人，你一时热心肠扶着老人过了马路，却不想让老人和自己的家人失散了。再比如，对方只是希望得到一些人的支持，但是你在支持之余又提出了其他的问题，让对方原本已经快要解决的问题增加了难度，加大了对方的压力。你的做法当然是为了帮助对方，可是如此不过问对方意思的好意，自然会被人拒绝。

5. 不想接受带有同情的好意

有些人的好意带着同情的情绪，这样会让被帮助的人感到自己接受的不是真诚的帮助，而是"一场戏"，这会让被帮助的人不适应，感到自己被轻视了，所以会选择拒绝这样的好意。有些事情确实需要我们的同情与怜悯，但是有些事情确实并不需要，把有困难的人都归为应该被同情和需要怜悯的一类，显然是对他人的不尊敬。

以上就是大部分人选择拒绝别人好意的原因。拒绝其实不是一件容易的事情,尤其是拒绝别人的好意,更是让人不知道怎么开口为好。可是有时候,我们又不得不拒绝对方,那么我们应该怎么做才能拒绝别人的好意,同时又让彼此不觉得尴尬呢?

1. 道明原因

如果你的确不能接受他人的好意,那你可以直接将原因告诉对方,对方听了你的话就会站在你的角度考虑问题,这样自然就不会逼迫你接受这份好意了。

2. 委婉拒绝

有些事情不能轻易告诉别人,哪怕对方是为你好的人,这个时候你就要委婉告诉对方,让对方能够通过你的暗示理解到自己应该收回好意。

3. 真诚感谢

无论你是否愿意接受他人的好意,他人的好意都值得我们去感谢,因此应该对想要帮助我们的人表示感谢。

4. 重视对方

除了要对帮助自己的人表示感谢,我们还要强调对方的帮助对自己十分重要，只可惜自己没办法接受，这是一件十分遗憾的事情。总之，要让对方感受到你是十分重视他的，让对方得到安慰，也使双方脱离尴尬。

第九章

善解人意的女人，会"说"更会"听"

第九章 善解人意的女人，会"说"更会"听"

此时无声胜有声，能说的不如会听的

能说的女人，不如会听的女人。

很多人以为会说的女人就是能说的女人，也就是无时无刻不在说话的女人。但实际上，会说的女人并不是一天到晚说个不停的女人，而是能够灵活掌握说话节奏的女人。真正懂得聊天的女人，不会把任何事情都牵扯到自己身上，也不会一直说个不停，而是懂得把说话的机会让给别人。因为她们明白，即便这个话题是自己说出来的，也要给别人表现的机会。

会说的女人，一天下来可能也不会说太多话，但每一句话都掷地有声，让人能够记在心里。所以，一个女人是不是会说话，不是看她能说出多少话，也不是看她能够记住多少人说过的话，而是看她能够说出多少让人记住的话；一个女人是不是会倾听，不是看她是不是一言不发，而要看她是不是时刻关注着发言者，是不是时刻都把注意力放在这件事情上。

　　认真听人说话,时刻注视着说话的人,是对说话者最基本的尊重,也体现了对对方的重视程度。事实上,和他人沟通就是在借助他人的智慧,学习他人脑海里的知识,并用这些来充实自己的大脑。所以在听人家讲话时,我们要有良好的耐心。

　　在和人沟通时,我们要放下身段,用心去倾听别人的观点,不用急着表达自己的意见,相信对方会给你留出发表想法的时间。

　　会说话的人都是懂得倾听的人。因为和人说话的第一步就是要听对方说的是什么,只有知道对方说的是什么,才能和对方交谈起来。可惜现实中,很多女人自认为会说话、会倾听,但实际上却是在自说自话而不自知。

　　那么,我们如何做到真正的会倾听呢?

1. 注意力集中

　　有的女人在交谈时总是东张西望,一会儿拨弄一下自己的头发,一会儿又摆弄一下自己的衣角,一会儿又拿起手边的小玩意,一会儿又玩起了手机。这个时候她的注意力是不集中的,未必能听清对方说了什么,甚至未必听得到对方在说什么。不用心去倾听,不仅会让对方感到自己不被尊重,还会造成信息传递出现偏差,比如对方说了十件事情,她却只听到了一件。

2. 中途不要插话

在与人聊天和听人倾诉时，不但要集中注意力，还要注意不要插话，要等对方把话说完以后再表达自己的看法。在对方说话时，不要总想着说些什么（这说明你并没有仔细聆听对方的话，只是在找机会表述自己的观点），因为这是很不礼貌的行为。即便要表达自己的看法，也要保持语气平和，不要摆出一副盛气凌人的姿态。

3. 表现出对对方的尊重

有些女人总是觉得自己很厉害，认为别人都不如自己，所以说话时态度傲慢，听别人讲话时也总是摆出一副不以为意的样子。这是一种十分不好的行为，不仅不能突出个人魅力，反而会给人留下盛气凌人的印象。所以，无论是与人交谈，还是聆听对话，我们都要对对方足够尊重。尊敬别人，也是尊敬自己。

4. 站在对方立场

聆听他人说话需要站在对方的立场，或许对方说的话站在你的立场来看并非是正确的，但是站在对方的角度就是正确的。只有站在对方的角度，才能够随声附和。适当的附和能够表现你在认真聆听对方的话，而且表示你认可了对方的观点。

5. 跟随对方的情绪

倾诉未必都是开心的事情，也有一些是伤心的事情，或者原本聊着开心的事情，但是突然有人想到了自己的伤心事，此时我们要做的就是陪着对方伤心，不要忽视对方的状态，自顾自地在一旁开心。如果可以的话，要找准时机想办法将对方从伤心的往事中"解救"出来。

懂得倾听是学会说话的重要课程之一。和会倾听的女人聊天，不仅能够将心中的苦闷说出来，还能够在她的帮助下忘记这些苦闷。

最好的倾听者，就是那些具有耐心与认真态度的女人。所以，我们要做一个懂得倾听的听众，用自己的温情和魅力给倾诉者带来最多温暖。

倾听，是为了更准确地读懂人心

倾听，是了解一个人最直接的方法。

每个人每天都会说很多话，也会听到很多话，但是很多人都不在意这些。比如，有些女人大大咧咧，自己说过的话转眼就忘，别人说过的话也转身就忘；有些女人说话直来直去，经常会得罪人；有些女人说话十分温暖，让人感觉舒服……

通过别人说话的措辞和语气，我们是可以读出很多东西的。比如，这个人是不是性格直爽，是不是心直口快，是不是口蜜腹剑，是不是真心对自己好等。

1. 别人对自己的点拨

有时候别人为了提示我们一件事，但是又不好意思明说，就会从侧面对我们进行点拨，让我们知道自己当前处在什么样的环境下。

例如,有一个女人在超市做促销,突然发现有一个男人一直跟着一个年轻的女孩,还一直看着对方的包。促销员怀疑这个男人是小偷,可是不敢声张,毕竟自己没有证据证明这一点。于是,当女孩从她身边走过的时候,她拉住了这个女孩,并向女孩介绍产品。女孩一开始并不想听,但看促销员这么热情便停了下来。促销员以为疑似小偷的人看到自己和女孩聊天就会离开,但那个人并没有,而是凑过来和女孩一起看产品。从神情来看,促销员断定女孩与这个男人并不认识。

促销员很着急,但是一时间想不出办法。突然她灵机一动,脑子里冒出一个方法,她叫了女孩一声,说库房有新产品,如果女孩想买的话可以和自己一起去库房。女孩没有听懂促销员的言外之意,摇头拒绝并转身离开了。当天,女孩的钱包果然被偷了,调查了监控才发现,那个男人果然就是小偷。

听促销员说完事情的经过后女孩很后悔,如果她能听出促销员的话,或许钱包就不会丢了。

2. 别人对自己的警告

有些时候我们身处危险之中却不自知,身边的人发现了危险却不能直接告诉我们,只能通过讲述一些类似的事情,引起我们的警觉。

例如两个女人去逛街，其中一个女人参与商家的抽奖活动中了大奖，只要交一笔手续费就可以获得大奖。这个女人心动了，但是手头没有那么多钱，就问自己的朋友能不能借一些钱给自己。她的朋友怀疑这是商家设计的圈套，于是说起了自己听到的一个故事。

故事里，一个女人接到了陌生人的电话，电话中的人告诉她，她在观看电视时被选为了幸运观众，可以获得一份来自电视台的奖励，但是需要她支付运费。这个人想都没想就答应了，但是等到奖品运过来她才知道所谓的奖品只是一小瓶洗衣液……说到这里朋友停了下来，而原本想要交手续费的女人思索了一会儿，决定还是不要所谓的大奖了。过了几天，这家店就因为虚假宣传被人查封了，那个差点上当的女人听到这个消息后，十分感谢自己的朋友。

3. 别人对自己的拒绝

有些人是在不经意间拒绝别人的要求，有些人是把拒绝别人的要求隐藏在话中，让对方不会在第一时间反应过来。

例如，有一个女人去吃饭，对服务员说自己要一份蛋炒饭，但是不要加萝卜，不要加香葱，不要放酱油，鸡蛋要打匀、打碎……总之提了很多要求，服务员整个过程一直没有吭声，等到顾客说完后，服务员温柔地说了一句："您好，我们的大米是来自黑龙江的，我们的鸡蛋是松花江的母鸡下的，不知道是不是满足您的要求呢？"这个女顾客一开始没有明白服务员的话到底是什么意思，几秒钟后才反应过来，于是对服务员说："我要一份蛋炒饭，没什么别的要求。"

面对这样一个喜欢挑剔、口味独特的女顾客，服务员通过一句不太明显的话便让对方意识到自己提的要求太多了。服务员的话中并没有一个字说女顾客不好，而是根据对方的思路说了下去，用这样的方式提醒对方，我们无法满足这么过分的要求。

人可以对自己提出要求，但是没有办法掌控别人。自己的孩子也好，家人也罢，都不是我们可以掌控的对象，更不要说同事、上司了。高明的人并不会去试图掌控别人，而是会细心地倾听对方，通过语言来了解一个人的内心，并推测和分析这个人的动机，以此来指导自己的行动，从而使自己做起事来得心应手。

多听少说，不是只听不说

会说话的女人，知道什么时候应该做一个安静的听众，也知道什么时候该说话。

日常生活中，我们无时无刻不在与人沟通。我们会遇到各种各样的人，他们嘴里也都说着不同的事情。在与别人沟通时，请记住，我们既是倾听者，也是交谈者。

无论听谁倾诉，尊重对方都是前提。当他人向我们倾诉时，我们一定要认真对待，要时刻注视着对方，无论对方说的是多么无关紧要的话，都要认真倾听，因为这是对说话者最起码的尊重。即便是在非正式场合，在与人交流时，我们也必须保持认真的态度，不要在对方说话时只关注自己的事情。假如我们真的有十分重要的事情，就把实情告诉对方，让对方稍等一下，不要让对方在旁边自顾自说，而你却低头忙自己的事，这样会让对方感到你并不尊重他。

除此之外,在听人倾诉时,即便对方在哭诉,我们该说话时也要说话,不过要根据对方的谈话内容,将自己的意见和想法摆出来。

倾听是一件需要双方一同投入进去的事情,一方需要用心说,一方需要用心听。无论是倾诉,还是谈论问题,都要有说话的一方和应答的一方。相应的回答,并不是指简单地回答一声"哦",是针对对方的谈话内容而选择适当的话。正确的回应可以让谈话的双方都感到愉悦,反之就会让双方都感到不开心。

因此,我们在回话时也要注意一些技巧。

1. 聊烦心事,可以转移话题

遇到不开心的事情,我们都会找自己的好朋友诉苦。其实找人倾诉并不是为了让对方帮自己做什么,而是只想把事情说出来,不要将事情总是压在心上。遇到好朋友向自己倾诉烦心事时,我们这个时候的回答是很重要的,一定要说一些安慰对方的话。除了安慰对方以外,还可以说一些其他的事情,转移对方的注意力,从而调节苦闷的心情。比如你也可以说说自己的烦心事,让对方对你说些安慰的话,同时也让对方激励一下自己,这样两个人的心情都可以变好了。

2. 聊工作，可以实事求是

工作是每一个成年女人都要面对的，但并不是所有女人的工作都是一帆风顺的，大部分女人的工作都是磕磕绊绊的，也面临着很多问题和苦恼。这些苦恼和问题需要找人倾诉，因此很多女人会聚在一起说工作上的事情，来缓解工作压力。如果朋友找你倾诉工作上的事，你要做的就是听对方把话说完，然后实事求是地说出你的想法。

另外，工作中老板和领导也会找员工谈话，询问关于工作方面的意见，或者是问有没有什么工作心得，这个时候也应该多听少说，避免说错话。但是如果有可行的想法，可以大胆地说出来。

3. 聊家常，尽量开心

闲聊是日常不可缺少的事情之一，女人总喜欢聚在一起聊生活琐事，比如聊新出的电视剧、新出道的明星、新开的饭店，以及各种八卦消息。如果你是新来的，和大家都不熟悉，可以通过加入话题讨论和大家建立友好关系。

值得一提的是，此时应该保持"多听少说"的原则。不要说得太多，以免引起他人的不快；也不要说得太少，以免让别人记不住自己。针对不同的事情，说出自己的想法，能够让大家了解你，明白你的喜好。另外一点，闲聊其实就是想获得开心，所以表现自己的本心就可以了。

4.聊秘密，一定要守住秘密

在聊秘密的时候更要遵守"多听少说"的原则。我们都有秘密，也喜欢把秘密说给亲密的人听。每个人都听过不少别人的秘密，也都将自己的秘密告诉过他人。如果有人向你倾诉秘密，就证明对方十分信任你，所以你一定要保守秘密，不要泄露出去，以免对他人造成伤害。

在和他人交谈的过程中，总会遇到别人询问我们看法的时候。在这个时候，我们要做的就是对对方的问题进行思考，最后站在客观的角度进行评论。毕竟我们能够看到的不过是沧海一粟，尤其是涉及两个人，甚至更多人的事情，我们只能听到来自某一方的说法，并不能看到全局，因此轻易下结论未免有失公允。所以我们交谈时所有的意见和看法，都要站在客观的角度出发，不能太过武断。

无论是聊什么，都要适当地说话，不要一声不吭，否则别人会以为你什么都没有听进去。

仔细听，说不定能听出"海哭的声音"

看人看相，听话听音。

人与人打交道，其实就是互相交谈。两个人交谈，如果一拍即合交谈得异常融洽，就会顿生相见恨晚之感；可是如果一方听不懂另一方在说什么，交谈势必会不融洽，生出话不投机半句多的感觉。

所以，"听"话十分重要。

俗话说：一个会说话、会办事的人，也是一个会"听"话的人。实际生活中，有的女人会说不会听，有的女人会听不会说，也有的女人既会说又会听。会说又会倾听的女人在社交中占尽优势，人们都愿意与之交往。换句话说，没有耐心听别人说话，无法明白别人的弦外之音，不能及时向说话者反馈恰当的意见，这样的女人注定是平庸的。

那些说话油嘴滑舌，喜欢插话打断别人，说起话来滔滔不绝的人不过是自认为厉害。而懂得聆听，能够快速理解对方话中涵义的人，即便不怎么会说话，也会得到对方的认可。

会说话的女人能轻易听出别人话语中的真实意图，从而知道对方真实的喜好，并根据这些喜好说出对方喜欢的话。实际上，话中有话是一种迂回战术，在注重策略的同时，也很重视含蓄的表达方式。而且，这种方式比普通的迂回还要主动一些，也更加巧妙一些，是比较高级的人际交往手段。话中有话是聪明人的游戏，这样的弦外之音，只有明白这句话的人才能破解，就像是猜字谜的游戏一般。

不够聪明的人面对这样的情况，自然是容易出丑的。

每个人都会或多或少遇到一些不公平的事情，有些事情我们无力改变，但是还是要找时机发泄自己的不满。如果是身边亲近的人让自己为难，那我们也需要通过巧妙的方式告诉对方，让对方明白自己做了让你为难的事情。不过怎样表达不满需要一定的技巧，尤其是面对一些无关原则性的问题，既要表达自己的不满，又不想破坏和谐的人际关系需要把握好分寸。

因此，我们总是用暗语来表达自己的观点，用一句话来表达不同的涵义，于是很多话的背后都暗藏玄机，只是并非所有人都能够反应过来罢了。字面上可能只有短短的几个字，但是背后隐藏的可能是长篇大论的观点。

第九章 善解人意的女人，会"说"更会"听"

这就是我们为什么要去学习"听"别人的话，其实，听取"弦外之音"也不是什么比登天还难的事情，还是有技可循的。

1. 根据话题判断

通过你们正在聊的话题，可以知道对方想要表达的意思。选择话题通常带有一定的目的性，能够不自觉地呈现出一个人的想法，所以假如对方选择的话题比较敏感，你在与对方交流时就要格外注意自己的回答。比如对方问你工资情况，很可能就是要借钱；再比如饭点时别人问你是不是要去吃饭，可能是想和你一起或者让你帮忙带饭。我们要根据具体情况决定怎么回答对方的问题。

2. 根据语气判断

说话的语气可以表明一个人的态度，如果对方语气傲慢，很明显他是觉得自己很厉害，有些看不起你；如果对方语气比较温和，让你感觉很舒服，至少证明对方不讨厌你；如果对方语气略显迟疑，很可能是对你的话表示怀疑。所以说话时要多观察对方，这样便能感受到对方的真实想法。

3. 根据表达方式

表达方式能够反映出一个人内心深处的想法。有些事情对方可能不会直接说出口，但是会通过表达方式让你感受到。比如，对方经常提及自己的房子很大,而他明明知道你没有房子,那么可能就是想向你炫耀;再比如,对方明明知道你没有男朋友,还总是忍不住向你秀恩爱,可能也是想向你炫耀自己的男朋友。

4.根据直觉判断

有些女人的直觉很准,能够轻易感受到别人的言外之意。

弦外之音听得多了,有些女人会把别人无意中说的一句话也当作阅读理解去解释,这样就很容易曲解别人的意思。其实,理解弦外之音还要看对方是谁,如果是平时说话总是大大咧咧的人,说话用弦外之音的几率不太大。

总之,要察言观色,通过对方的话语来判断其本意,这也需要时间去磨炼。但世上无难事,只怕有心人,只要用心,就可以克服一切困难。

人生多些留白才更精彩

人生总需要一些留白，如此才能够有足够的时间来感受生活。

我们这一辈子都在忙碌。小时候，我们想着快点长大，虽然有时候也会苦恼，但总体来说还是很快乐的；长大后，为了更好的生活，我们时刻奔波，只可惜忙碌的生活似乎剥夺了我们原本的快乐；老了以后，我们没有力气忙碌了，但能够享受生活的时间也没多少了。

匆匆一生，走到最后才发现，我们一生似乎把许多东西都抓在了手中，但最后似乎什么都没抓住。因此，我们的人生需要留白，需要留出一些时间来感受生活的美妙。

说话也是一样，把所有的事情都说出来就没有什么意思了，有时候把话说过了头反而更不好，所以说话时也需要留白。

比如，你的一个好朋友发现她的男朋友与别人搞暧昧，分手后她伤心得日日以泪洗面。你虽然劝了她许多次，但是都没有什么效果。有一天，她突然对你说，那个男人又来找自己了，自己是否应该和他再续前缘。你自然是不愿意她继续和那个人品不好的男人在一起，但是不知道怎么开口。

其实，这个时候无论你说什么都不算对，倒不如对朋友说："如果是我，我是不会选择原谅他的，我自然也不赞成你们在一起，但是现在面临选择的人是你。不过我还是要提醒你，这个事情他既然会做第一次，就会有第二次，如果你与他再续前缘，也得做好再发生一次的准备。"把该说的话说完，你也就不要再深入下去了。

好朋友听到你这么说，无论是选择与男朋友再续前缘，还是从此两不相见，都是她自己的事情了。无论对方做了什么决定，你都不应该再继续说些什么了，此处应该给自己和朋友都留个白，这样对大家都有好处。

从另一个角度看，说话留白相当于古人所说的"说话留三分"。即便是面对你不喜欢的人，也不要把话说得太过分，更不要在背后偷偷说别人的坏话，免得日后相见时尴尬。

就像影视剧常见的剧情，一群人躲在楼道里偷偷说某位邻居的坏话，说完后大家一转身，发现邻居刚好站在不远处。场面十分尴尬不说，邻居也会感到十分生气，本来他只是出来倒垃圾，没承想听到了无数关于自己的不好言论。这样的场景,大家都会异常尴尬。

另外,说话要留白也是告诉我们,话不要说太满,也就是不要不顾后果地夸下海口。有些女人十分好面子,也十分喜欢在别人面前逞英雄,别人说有什么事情需要帮忙,她都愿意主动揽下来。

等别人问她事情办得怎么样了,又开始各种推脱。别人埋怨她没能力还要往自己身上揽事情,影响了自己,她还觉得是别人的过错。这类女人其实没那么大本事能去帮别人,也不是真心实意地想帮助别人。

除此之外,我们去找别人帮助自己时,也不要把话说得太过。求别人办事有两种结果,一种是别人同意帮忙了,另一种就是别人不同意帮忙。别人同意了也未必就能把事情办得符合你的心意,所以当事情办得不合心意时不要抱怨,毕竟别人真心实意地帮了自己。就算对方不同意自己的请求,不肯为自己提供帮助,也不要说像是"早知道不来找你了""以后有事也不找你"之类的气话,说这种话只会体现自己小心眼罢了。

对方不肯帮你,无非是没有能力帮你,或者感觉你们的情分不至于如此帮你,这都不能算是对方的错,所以我们没必要气急败坏。即便对方没有帮助自己,也要为对方听完自己的事情而表示感谢,等日后关系打好了,或许还是有可能得到对方的帮助的。

　　说到底,说话留白就像书画作品留白一样,都是为了使"作品"变得更加出彩。

第十章

柔弱不软弱,该反击时就反击

面对刁难，学会四两拨千斤

说话时要懂得四两拨千斤，越是简短的语言，越容易引起震撼。

越是迫不及待地想要展现自己高人一等的本领，越会让人感觉你见识短浅。我们应该明白，生活中很多事情都是要"四两拨千斤"的。

所谓"四两拨千斤"，是指用最简单的方法去完成一件事情。说到底，就是把注意力都放在重点上，而且放对了重点，才能够将问题一举解决。

某本书上有一个关于日本化妆品公司的故事。日本规模最大的化妆品公司收到了一条投诉信息，消费者说自己购买的肥皂只有盒子，肥皂却"不翼而飞"了。

为了避免之后再次出现这个问题，这家化妆品公司特意派遣了一名工程师来解决这个问题。工程师的效率还是很高的,他在短时间内设计了一款具有高分辨率监视器的X光设备。不过,这台设备仍需要两名工人来进行监控,以便将所有的空盒都踢出流水线。

自那以后,空盒的情况缓解了很多,但是还是会有几个"漏网之盒",更重要的是通过机器查看还十分费时费力。

就在这家化妆品公司为此苦恼不已的时候,一家小型化妆品公司也遭遇了同样的情况,但他们却轻松解决了这一问题。这个没有工程师坐镇的小公司是如何解决的呢?原来,这个公司的雇员向公司提议,在生产线附近放置一台大功率的工业风扇,让肥皂盒子逐一从风扇前经过,这样空盒子都会被强风无情地吹出去。这个方法简直是不能再简单了,但是效果却是惊人的,小公司的产品自那以后再没有空盒子现象了。

要说故事中的两个人谁出力比较多,显然是那个来自大公司的工程师,可是他先是动用了高科技,后是加派了人员,都没能取得完美的效果。而来自小公司的普通雇员却用简单的风扇解决了问题,公司几乎没有额外的投入,而且取得了一劳永逸的效果。

有时候,有些问题其实并不复杂,用最简单的方式就能够解决,但是我们偏要走弯路。所谓的"四两拨千斤",大概就是能够让我们少走弯路,"快、准、狠"地达到目的。所以,遇到问

第十章　柔弱不软弱，该反击时就反击

题，一定要先搞清楚造成问题的关键原因是什么。

除了做事，说话时我们也要学会"四两拨千斤"，尤其是面对别人的刁难时，更要用最简单的方式让对方闭嘴。

下面我们通过一个例子来说明这个问题。

一天，公司的一个女同事小小带来了几张小时候的照片，打算下班去照相馆复印几张送给自己的父母。

她拿照片时恰好被周围的几个同事看到了，大家就围在一起看她小时候的照片。照片中的小小扎着两个小辫，红扑扑的小脸蛋看着可爱极了。

大家一边看照片，一边问小小这些照片都是什么时候拍的，有没有什么特殊的意义。小小都一一回答了。

正在大家说笑的时候，一个经常在公司搬弄是非、不讨人喜欢的女同事林姐走了过来。大家都忙着看照片，没有人注意到林姐也站了过来。此时恰好有人说："想不到你小时候这么漂亮啊！人家都说女大十八变，小时候好看的女孩长大了未必好看，小时候不好看的女孩，长大了会变得好看，在你身上怎么都不算数了，你这是越变越好看啊！"

这句话把大家都逗笑了，但大家笑声未落，只听到有人说："小时候好看的长大不一定好看到哪儿去吧！"大家听声音就知道，林姐又开始找事了，周围的人瞬间沉默了。有几个人还偷偷观察两个人的脸色，生怕两个人因此吵起来。

225

只见小小没有丝毫怒色,她默默地把自己的照片收起来,然后走到林姐面前,对林姐说道:"姐,我看你小时候一定比我漂亮很多倍吧!"说完就拿着自己的照片离开了,同事们都憋着笑意回到了自己的座位上,只有林姐气得在一旁跺脚,却不知道应该怎么反驳。

其实,"四两拨千斤"的关键点就是找准位置,给对手"致命一击",让他没有办法反咬我们。

别人对你的嫉妒请用低调反击

嫉妒旁人只会伤害自己。

我们的一生会遇到各种各样的人,我们可能会嫉妒身边的人,而身边的人也可能会嫉妒着我们。

黑格尔曾说:"有忌妒心的人自己不能完成伟大事业,便尽量去低估他人的伟大,贬低他人的伟大性使之与他本人相齐。"如果一个女人有嫉妒心,那么当她看到身边的人比自己过得好,就会产生忌恨心理,可一旦看到对方面临灾难,就会在一旁幸灾乐祸。有的女人看到对方过得比自己好,甚至会通过造谣、中伤他人,来求得心理平衡和自我安慰。

不过,无论对方为什么要嫉妒我们,也不论引起他人嫉妒是否出于我们的自愿,都改变不了这样一个事实——有人嫉妒至少证明我们是一个足够优秀的人。有个成语叫"天妒英才",优秀的人总是容易被人嫉妒,甚至是受人排挤,我们没有必要在意别人的目光。只要我们学会低调处理,让自己继续保持成熟稳重即可。一旦你从众人的焦点中离开,那么别人也就没有精力去关注你了。

1. 改变心态

被人嫉妒确实不是一件开心的事情,但是换个角度看,能够被人嫉妒也是一件愉快的事,毕竟证明了我们比别人强,否则别人也不会嫉妒我们。或者是我们的外貌、气质、家境,或者是我们的工作能力,其中肯定有一项比别人出众,不然别人不会嫉妒我们。而且,如果嫉妒我们的人原本就是一个比较强大的人,那么也可以证明我们的存在意义重大,因为对于那些嫉妒我们的人而言我们是一种威胁。

2. 改变自己

或许别人对我们心生嫉妒是因为我们有一些缺点,而且是我们自己不曾察觉的缺点。经常进行自我审视,能够更加深刻地认识自己,并给自己带来新的改变。如果真的能够让自己改掉一些缺点,那么我们还要感激嫉妒我们的人,因为是他们给了我们进步的机会。

3. 不要太张扬

有的女人被人嫉妒就是因为她行事过于张扬。其实做人太过张扬不是什么好事，还是应该保持低调。越是低调的人，就越是能够让自己和身边的人获得安全感。其实能不能被人赏识，和一个人的能力大小有很大关系。很多人有一点点成绩就会觉得自己很厉害，于是便傲慢地对待身边的人，如此的行为只会让身边的朋友对我们心怀不满。如果自己的能力对别人造成威胁，那很可能会引起他人的嫉妒。所以，为了减少我们被人嫉妒的可能性，我们行事不要过于张扬。

4. 不要钻牛角尖

面对别人的嫉妒，不要想不开，大可以睁一只眼，闭一只眼。对其不予理会不仅有利于平复自己的心情，也能够减少与他人发生冲突的可能。有些女人就是喜欢和别人一较高下，甚至争个你死我活，可世界上有太多事情都是无法分出高低的，也不是非此即彼的。所以我们要做好自己的事情，不要总是钻牛角尖，更不要让自己树敌太多。

5. 注意风度

有些人会在背后指责、中伤我们，而有些人会明目张胆地造谣诋毁我们，我们对待这类情况要保持风度。不过，保持风度不是任其诋毁。面对别人的指责，是事实的就虚心接受，并且积极改正自己的缺点；不是事实的就心平气和地解释一二，如果对方揪着不放，甚至变本加厉，不妨告诉他们"再诋毁我，我会控告你们"。

虽然我们不主动找人麻烦，但也不能平白无故地被人找麻烦，所以遇到充满敌意的人，也要进行适当的反击。

6. 保持宽容

有些嫉妒你的人，无论你怎么努力都无法改变对方的心态，这个时候就听之任之，对他保持宽容。用宽容、理解的心去看待对方，用自己的胸怀去感化他，让他主动将心中的芥蒂放下。即便是嫉妒我们的人，也是值得被理解、被包容的，适时地对对方进行赞美，并与他保持一定距离，谨慎自己的言行，让自己不要成为众矢之的。

在与他人打交道的过程中，我们会遇到很多与自己境遇不同的人，有人过得比自己好，有人过得比自己差，这是很正常的事情。嫉妒，并不能改变自己的境遇，奋起直追才是改变自己境遇的正途。

被排挤时，试试主动示好

人一生中总会遇到一些排挤自己、孤立自己的人，这其实没什么可怕的。

人总是喜欢给身边的人贴标签，哪些是可以做好朋友的，哪些是只能做普通朋友的，哪些是只能做陌生人的。正是因为这些标签，我们才会看到形形色色的社交圈子。

其实，我们贴标签的目的就是为了让自己能够交到一些志同道合的朋友。但是，交朋友的道路并非一帆风顺，任何场合我们都有可能得罪人，而且很多时候都是无心的。

如果我们得罪的人并不是心胸狭窄之人，她便不会计较我们的无心之失；如果我们得罪的是一个斤斤计较之人，她一定会和我们较真到底。

求学也好、工作也好，在一个群体里被排挤总是很麻烦的一件事。被人排挤很可能是我们无意中得罪了某个人，所以我们这时要克制自己，尽量不要招惹别人，并想办法弄清楚得罪了谁，然后赶快道歉缓解关系。可是，有些人被排挤并不是因为自己得罪了谁，而是无缘无故地就被人排挤了。

比如，一名新员工来到公司上班的第一天公司里就传出了他脾气大的谣言。其实事情很简单，这名员工隔壁的老员工希望他帮自己工作，但新员工想也没想就拒绝了，老员工很生气，便到处向同事们说新员工脾气大，自己让人家帮个小忙都被拒绝了。大家对新员工不熟悉，也不会有人找他求证，久而久之，谣言就被说得跟真的一样。这个新员工感觉自己很无辜，但是又无可奈何，最后离开了公司。

再比如，上学时，寝室的室友每天都在玩游戏，只有你自己每天走很远的路去图书馆学习，就要害怕被孤立；工作后，同事们每天都聊天混日子，唯有你总是埋头苦干，那你可能会被人排挤。无论是哪种原因，其实本质上并不存在太大的差别。

还有一些人被排挤是因为他们阻碍了别人的道路，对别人造成了威胁。比如对方害怕你成功得比他早，害怕你抢了他的饭碗……于是，这些心胸狭窄的人会想尽办法架空你、排挤你。为了故意抹黑你，他们甚至不惜找领导、找你的朋友，用尽一切办法搬弄是非，恨不能让你从他们眼前永远消失。

那么，当我们面对他人的孤立和排挤时，就只能默默忍受吗？答案是否定的，被人排挤就要想办法去反击。

1. 沉得住气

有些小人就喜欢背后捅别人刀子，这个时候我们要沉得住气。我们要坚信，背后造谣的人就算一时风光无限，终究会被人厌恶的。

2. 结交正义之士

不可否认，有些人喜欢听信别人的一面之词，不肯自己去求证。但有很多人会相信自己的眼睛和直觉，他们会在相处中慢慢了解你到底是什么样子的人，即便有人向他们说了不好的话，他们也未必全然相信。所以，如果有人故意抹黑你，不必害怕，一定会有人拨开迷雾，看到真正的你。

3. 镇定自若

如果有人到领导面前说你坏话，挑拨你与领导的关系，那你没有必要即刻跑到领导面前解释，要相信领导能够通过自己的眼睛判断出孰是孰非。

4. 主动示好

有些人可能只是听闻你不太好相处，所以不敢主动接近你，这个时候我们不妨试试主动示好。如果对方是个值得信赖的人，那么我们就可以多一个朋友，少一个敌人。

遭人排挤，被人孤立，这些都是人生道路上的坎坷而已，没什么大不了的。这种经历也从侧面说明你是个有能力的人，毕竟没有谁会把目光放在一个没有能力的人身上。所以，我们要保持积极向上的心态，不必惧怕小人的排挤。

你要知道，那些小人排挤你时，你也将他们赶出了自己的朋友圈。

第十章 柔弱不软弱,该反击时就反击

沉默同样也是口才利器

沉默也是一场雄辩。

有个成语是"沉默是金",是指并不经常说话的人容易成功。有人说"沉默是金,开口是银",也有人说"沉默是金,雄辩是银",无论哪种说法,都说明了沉默的好处。

著名作者、心理学教授格瑞德·古德罗说过:"沉默可以调节说话和听讲的节奏。沉默在谈话中的作用就相当于零在数学中的作用。尽管是'零',却很关键。没有沉默,一切交流都无法进行。"

"沉默"是一种处事方式,同时也是一种语言技巧。沉默的目的就是让我们通过不说话或者少说话,达到说话的效果,甚至比说话的效果还要好。

有些人在与人说话时总想着表现自己,却不曾想,有时候沉默反而是最好的表现方式。

有这样一个故事,一个开酒店的老板要移民国外,想把自己的饭店卖出去,得知某个人有意购买后十分开心,马上把对方约到了酒店面谈,并希望能够卖出一个好价钱。他的预期价格是500万人民币,为了能够卖到这个价钱,他甚至想好了对方要求降价时自己应该怎么回答。

对方将酒店的各个角落逐一检查了一遍,然后双方坐在会议室开始谈判。这时,酒店老板又把之前想到的措辞回忆了一遍,当对方开口时,他却在想着"要沉住气,让对方开价"。对方将酒店里里外外的现状都说了一遍,其中有夸赞的地方,但更多的是指出了不足。他明白,对方这是要压价,但他还是没有吭声。

就这样,双方聊了很久,买方很多次都以为卖家应该报价格了,但是卖家就那样一言不发地看着他们,他们自然不愿意先提出价格。双方僵持了一段时间,买方终于按捺不住了,对卖家说:"这样吧,我付给您650万人民币,这是我能够给的最高价了。"

当卖主听到这个数字时,心里别提多高兴了。因为一段时间的沉默,短短时间内多赚了150万人民币,但是他脸上还是不动声色。

确实,在谈判中沉默有时候可以为我们带来很多好处,与人交往中也同样需要学习沉默。当沉默用到了点子上,其作用丝毫不亚于任何优美的语言,能给人带来很强的冲击力。

那么,我们应该在什么时候选择沉默呢?

1. 被他人言语攻击时

当发生冲突时,人们往往喜欢用语言进行攻击。如果对方言辞不算太过分,你完全可以选择忽视,假装自己没有听到。对于没有听到的事情我们自然也不需要回复,时间过去之后这件事自然不会被人再度提及了。这个时候的沉默体现了一个人的修养。我们常说口才有多么重要,口才是指说话有技巧,而沉默同样也要掌握技巧。

2. 被别人谈论时

人与人沟通时,免不了会评价他人。在生意场上,如果一个人要评价你,那就不要拦着让对方说完,你在一旁沉默着听对方的评论就好。这是因为,如果你想和这个人成为朋友、建立合作关系,那就必须给他这个机会,所以沉默是最佳选择。

3. 被他人造谣时

有些谣言需要我们去解释、去辟谣,但是有些谣言并不需要理会,我们只要做好自己就可以了。就像当红的明星,有几个没有被谣言中伤过?有人制造谣言,你不去理会,别人也就会渐渐失去传谣的兴趣。相反，你越是激动，越是在意，对方就越想把消息四处传播。

　　沉默并不能解决所有问题，但沉默的效果却不可以忽视，它能够增强语言的效果。但要注意，任何事情都要看准时机，沉默也是如此。选择正确的时机，预示着沉默能够起到作用，如果选择了错误的时机，沉默非但起不了作用，还有可能让之前的努力都白费。

第十章　柔弱不软弱，该反击时就反击

有人刻意挑衅，反击时不要手软

带有恶意的挑衅，一定要毫不留情地进行回击。

很多时候，我们会遭遇难以应付的场面，像是上级突然的训斥、朋友莫名的指责、同事无端的嘲讽等。这个时候，越是面红耳赤地与对方争执，就越是显得自己情商低。

高情商的女人，会有理、有利、有节地将烂摊子丢给对手，或者拉对手下水，让对手哑口无言，也让周围看热闹的人由衷赞叹。

高情商的女人的做法自然是高明许多，但是却需要当事者拥有强大的心理素质，同时还要掌握高超的说话技巧。

我们可能都有过被奚落、被挖苦的经历，此时越是退让，就越是会让对方嚣张，认为你好欺负。因此，应付那些没安好心、故意挑衅的人，必须拿出"天不怕地不怕"的气势，让对方也试试被挑衅的滋味，让对方明白什么叫"以眼还眼，以牙还牙"。

总有人希望自己锋芒毕露，于是喜欢到各个地方去挑起事端。他们认为这样做是彰显自己的厉害，殊不知这只能证明他们的愚昧和无知。当我们不幸地遇到这类人时，我们应该如何应对呢？

1. 将难题还给对方

将难题还给对方不是要我们岔开话题去谈别的，而是要围绕着同样的话题将对方噎住。如果你只是岔开话题，对方会以为你故意躲避，只会更加得寸进尺。最好的方法就是顺着对方的话继续说，然后反将对方一军，或者直接根据对方的话做文章，让对方下不来台。

2. 引导对方思路

如果一个人拿十分刁钻的问题逼问你，且要求你一定要作答，不能推辞，此时的你可以先表现出退却，让对方以为他胜利在握，而你则可以继续引导对方的思路，让他走进你设计的圈套，最后再进行反击。

3. 有意说错话

卡耐基认为，有意识地把一句话说错同样是语言应变的方式。人们交谈时，都不希望自己出错，因此总是刻意避免，但是在某些情况下，下意识地将一个字、一个词、一句话念错，会有很神奇的效果，不仅能帮自己解围，还能让人感受到自己的幽默。

4．权衡利弊

遇到别人的挑衅，务必要权衡对方的挑衅会对自己造成怎样的影响。如果影响到自身重大利益，就一定要有所行动；如果只是无关痛痒、小打小闹的挑衅，完全可以不予理睬。因为他挑衅你就是为了让你不开心，你不去理会，对方反而就不开心了。而且，和这类人说什么都是浪费时间，甚至还会影响自己的形象，得不偿失。

5．知己知彼

弄清楚对方的个性以及与你的关系，你就能明白对方的这番言论是朋友间的玩笑，还是真的恶意挑衅，如此才能够有的放矢。如果是熟人挑衅，他的信息你都已经掌握了；如果是陌生人滋事，就要想办法知道对方的来头，也好决定应该如何应对。

6．冷静处理

遇到挑衅不要急着发脾气，先克制自己的情绪，让对方说明白为什么要进行挑衅。如果问题真的出在你身上,那么你一点就着的态度和脾气就会使矛盾恶化,而不发脾气还可以找个台阶下;如果对方没有任何理由就挑衅你,这个时候就可以选择反击了。

面对他人的挑衅,反击时不要手软。但是,如果对方已经服软了,你也不要揪着不放,否则就显得自己太小气了。为了彰显自己的大度,你还可以找个台阶给对方,让大家面子上都过得去。至于对方是不是领情,这就与你无关了,你只要做到问心无愧就好。